W0026510

TACUINUM SANITATIS

Das Buch der Gesundheit

Herausgegeben von Luisa Cogliati Arano
Einführung von Heinrich Schipperges
und Wolfram Schmitt

HEIMERAN VERLAG MÜNCHEN

Übersetzung Bettine Braun

Originalausgabe

Titel der amerikanischen Ausgabe: Tacuinum Sanitatis / The Medieval Health
Handbook © 1976 George Braziller, New York

Archiv 552 ISBN 37765 02126

Printed in Italy by Fantonigrafica, Venedig

INHALT

EINFÜHRUNG

DIE KUNST ZU LEBEN

Aus Gesundheitsbüchern des Mittelalters

I.

Das Wissen um die Gesundheit ist zu einer Existenzfrage geworden zu einer Zeit, wo die traditionellen Einrichtungen im Gesundheits- und Sozialwesen an den Grenzen ihres Wachstums angekommen sind, wo sich die Systeme bloßer Krankenversorgung als zu aufwendig und kostspielig erwiesen haben, wo Gesundheit und Wohlstand vermutlich in der Welt von morgen kaum noch zu bezahlen sind –, Fragen, die längst nicht mehr die Patienten und ihre Ärzte allein angehen: Gesundsein ist zu einem Problem für alle geworden.

Die Entwicklung der beiden letzten Jahrhunderte hat uns gezeigt, daß Wissenschaft und Technik alles andere sind als autarke Mächte, die ihre Eigengesetzlichkeit hätten, daß auch sie in ihrem formalistischen Modellcharakter bereits festgelegt sind und uns nicht von der Planung aller Lebensbereiche entbinden können. Ein neues therapeutisches Programm wird aufzustellen sein, das nicht nur den zufälligen Nöten abhilft und den unangenehmsten Folgen vorbeugt, sondern sich auf ein Gesamtgleichgewicht einstellen muß. Die Medizin um das Jahr 2000 wird unmerklich – wie wir das in der Industrie, Wirtschaft und Politik ganz selbstverständlich akzeptiert haben – eine Großmacht werden, die sich nur als universelle soziale Einheit behandeln läßt. Sicherlich werden darin auch die Wissenschaften ihre Rolle als methodologisches Modell zu spielen haben; aber sie können keinen Bezug zur Realität des kranken Menschen finden, den man nun einmal nicht wieder-herstellen kann, ohne ihn auch wirklich hineinzustellen in einen konkreten Lebensraum, in seine soziale und geschichtliche Wirklichkeit.

Wir suchen in dieser kritischen Situation wieder das erweiterte Konzept einer «Umwelt-Medizin», die den Menschen in seinem Milieu, mit seiner Mitwelt und Erlebniswelt betrachten möchte. Wir sprechen von einer ökologisch – und nicht nur ökonomisch – orientierten Medizin, die den Begriff einer menschengerechten Arbeitswelt und humanisierten Lebenswelt in den Mittelpunkt stellt. Wir glauben, daß es nicht allein der «Lebensstandard» sein wird, der das neue Jahrtausend bestimmt, sondern eher eine «Lebensqualität», die freilich in ihren Umrissen kaum schon zu fassen wäre.

In seinem Vorwort zu «Überlebensfragen» mit dem Untertitel «Bausteine für eine mögliche Zukunft» (1974) schreibt der Theoretische Physiker Klaus Müller: «An die Stelle ökonomischer Engführung muß eine auf die Ökologie gerichtete Erweiterung des Wahrnehmungsfeldes treten. Wir haben es bisher versäumt, die partikularen Wirkungsbereiche des Menschen in Natur und Geschichte als Teile eines einzigen Wirkungsfeldes der Ökosphäre zu sehen und neu zu durchdenken». Dem abgewirtschafteten ökonomischen Bezugssystem gegenüber zielt die Ökologie auf die Gesamt-Wirklichkeit von Natur und Mensch, wobei nicht allein die Umwelten im Sinne von Jakob von Uexküll gemeint sind, sondern auch Welt als Lebens-Welt und Wohn-Welt, eine Welt, die erlebt und gemeistert werden will, mit allen Zuständen in der Zeit und allen Veränderungen im Raum und in der vollen Bedeutungsstruktur eines Welt-Bildes.

Ökologie in diesem Sinne wäre die Wissenschaft von allem, was unser Leben umgibt, mit Haus und Hof, Einrichtung und Erbe, Ethik und Erziehung. Die Natur wäre wieder das Universum als oikos, und der Mensch wäre der tüchtige Verwalter (oikonomos) darin. Diese Gesamtheit der menschlichen Beziehungen und Tätigkeiten in einem Hauswesen bildet noch bis ins 18. Jahrhundert hinein den Sinn der Ökonomik, wie auch Wirtschaft noch ein geschlossener Komplex war aus Lehren der Ethik, der Soziologie, der Pädagogik, zahlreicher Techniken und nicht zuletzt der Medizin. In der Ökonomik des Wolf Helmhard von Hohberg (1682) wird Gott noch vorgestellt als «der menschenliebende, himmlische Hausherr, der nicht abläßt, die große Weltoeconomiam noch immerdar zu bestellen und zu regieren». Und während Ökonomie als ein Stichwort für das zu Ende gehende, auf Prinzipien des Raubbaues gegründete Zeitalter der Wohlstandsgesellschaft ist, gilt die Ökologie als Stichwort für eine in neuen Normen lebende, menschengerechtere Gemeinschaft.

Probleme dieser Dimension und solch qualitativen Ranges lösen sich nicht mehr durch bloßes Weitermachen oder rein technologische Planungsprozeduren. Der Mensch soll nunmehr den spontan ablaufenden Geschichtsprozeß schöpferisch gestalten und nach der Beherrschung der Natur auch sein eigenes Schicksal bestimmen. Hier geht es um den Aufbau alternativer Entscheidungsmodelle, wobei die Entscheidung selber einer Kategorie angehört, zu der die Naturwissenschaft keinen Zugang hat und in der die Geisterwissenschaften keinerlei Erfahrung besitzen.

Nun ist der Mensch ganz gewiß «ein einzigartiges Wesen, das sich von allen anderen dadurch unterscheidet, daß es handelt, indem es die Weisen, in denen es sich im Dasein erhält, selbst aufbaut», ein Wesen also, das unspezialisiert ist, umweltlos, weltoffen, das die Welt gestalten muß und darin erst auch sich selber in Führung nimmt. Bis in seine vegetative Ordnung hinein und bis hinauf zu einem geistigen Führungsstil ist er sich selbst noch – so Arnold Gehlen – «Aufgabe und eigene Leistung».

In seinem «Aufstand der Massen» hatte Ortega y Gasset (1951) bereits jene säkulare Rebellion beschrieben, wie sie in der «Auflehnung des Menschen gegen seine Bestimmung» zu sehen sei, in seinem «Abfall von sich selbst». Und in der «Medical Nemesis» (1975) zeigt uns der Kulturhistoriker Ivan Illich, wie wir durch die Übermedikalisierung aller Lebensverhältnisse schließlich unsere Gesundheit aufgegeben hätten und damit unser eigentliches Eigentum. Sich seiner selbst zueigen sein, das freilich ist gar nicht so einfach: «Schöpferisches Leben verlangt – so wieder Ortega y Gasset – eine streng hygienische Lebensweise, hohe Zucht und fortwährende Reize, die das Gefühl der Würde anfeuern. Schöpferisches Leben ist straffes Leben, und das ist nur unter zwei Bedingungen möglich: entweder man herrscht selber, oder – man gehorcht».

Dies in der Tat scheint der springende Punkt zu sein, von dem man beim Umgang mit seiner Gesundheit und der Gestaltung einer vernünftigen Lebensführung ausgehen muß, und auf dieses «punctum saliens» will uns auch eine überaus reichhaltige Überlieferung, die großartige Schatzkammer unserer eigenen Geschichte, hinweisen. «Das Tier wird durch seine Organe belehrt» – auf diese Formel hat es Goethe in den «Maximen und Reflexionen» gebracht, um dann fortzufahren: – der Mensch gleichfalls, aber: «Der Mensch belehrt die seinigen und beherrscht sie».

Die Meisterung und Regelung aller tagtäglichen Lebensbedingungen, das sei – so schrieb der Arzt Friedrich Oesterlen noch um die Mitte des vorigen Jahrhunderts – «das einzig Reelle und das Einzige, was eine ernste Kultivierung seitens der Praktischen Medizin» leisten könne.

II.

«Wohlgetan ist es, die Gesunden zu führen»! Mit diesem Kernsatz des Hippokrates ist für Jahrhunderte einer Lebensführung und Alltagsstilisierung des Menschen die Bahn gewiesen. Im *Corpus Hippocraticum,* der berühmten antiken Schriftensammlung, die den Namen des großen griechischen Arztes trägt, heißt es bereits, daß jeder Mensch nicht nur bedenken solle, daß Gesundheit das höchste Gut sei, sondern daß ein jeder sich auch das Wissen erwerben müsse, um sich in Krankheitsfällen selber zu helfen.

Die wissenschaftlichen Grundlagen für eine solche gesunde Lebensführung aber hat erst Galen (129 – 199), der bedeutende griechische Arzt der römischen Kaiserzeit, gelegt. Auch für ihn ist das Ziel der Heilkunst die Gesundheit und ihr vornehmster Zweck, dieses Gesundsein zu bilden und zu erhalten. Die vorhandene Gesundheit will erhalten, die geschwundene mit Mitteln der Heilkunde wiedererlangt werden. Galen glaubt nun nachgewiesen zu haben, daß wir in den gleichen Verhältnissen, die unser Leben schädigen können, auch wieder die heilsamen Ursachen zu suchen haben: in der uns umgebenden Luft nämlich, in der Nahrung, beim Umgang mit Bewegung und Ruhe, im Wechsel von Schlafen und Wachen, durch die Ausscheidungen und Absonderungen, nicht zuletzt aber im bewußten Umgang mit unseren seelischen Affekten.

Mit dieser seiner Gesundheitslehre will Galen „allen Menschen Anweisungen geben für ihre Gesundheit, entweder spezielle für den einzelnen oder für alle gemeinsam". Jedes Lebensalter und jede Berufsart, die Konstitution des Menschen und sein Geschlecht, alle besonderen Umstände sollen dabei jeweils besonders berücksichtigt werden. Dieses klassische Konzept einer Medizin – als Lehre von Gesundheit, Krankheit, Heilung – sollte für das nächste Jahrtausend eines byzantinischen, arabischen, lateinischen Mittelalters die Richtschnur auch in der Lehre von der gesunden Lebensführung werden.

In der arabischen Medizin erst sind diese vielfältigen Überlieferungsstränge einer Gesundheitsbildung systematisch assimiliert und nach rationalen Gesichtspunkten kanonisiert worden. Ein geschlossenes Schema finden wir bereits in der Einführungsschrift des Hunain b. Ishaq, die als *Isagoge Johannitii* zum scholastischen Unterrichtsprogramm gehörte und die theoretische Fundierung der Medizin gleicherweise betonte wie ihre praktische Gliederung. Die darin eingelagerte Diätetik wird vor allem bei Ali b. al-Abbas zu einem geschlossenen theoretischen Konzept erhoben und für Unterricht wie Praxis brauchbar gemacht.

Damit haben wir eine «Theorie der Medizin» vor uns, die in ihrer Bedeutung kaum überschätzt werden kann, da sie immerhin eine Quellengeschichte von mehr als tausend Jahren hat und auf ein weiteres Jahrtausend hin wirkte. Wir sollten daher auf die Struktur dieses Modells, seinen Kristallisationskern und seine Strahlkraft, noch einmal in kurzen Strichen aufmerksam machen. Die Heilkunde repräsentiert sich uns in einem in sich geschlossenen Gleichgewicht von «Theorica» und «Practica». Aus dieser ausgewogenen Gleichgewichtigkeit ergeben sich die Schwerpunkte von selber: Medizin ist in erster Linie und vorrangig eine Lehre von der Gesundheit und in untergeordneter Bedeutung erst ein System der Krankenversorgung. Zentral zwischen «gesund» und «krank» aber liegt das unerschöpfliche Brachland der «neutralitas», das sowohl einen Gesundheitsschutz als auch die Krankheitsverhütung vermittelt.

Es ist im Grunde ein sehr einfaches Schema für eine Medizin in Theorie und Praxis, das wir mit diesem Leitbild vor uns haben. Diese ebenso bildhafte wie lebensbildende Diätetik im weiteren Sinne bildet in den älteren Hochkulturen und weit bis in die aufgeklärte Neuzeit hinein das Tätigkeitsfeld des praktischen Arztes, der wirklich noch ein «Zeuge der großen

Szenen des Lebens» war: Zeuge von Geburt und Tod, von Hoch-Zeiten wie Tief-Zeiten, von Lebenskrisen wie Krankheiten. Es war nicht so sehr das medikamentöse oder chirurgische Heilen, das ihn bewegte, als vielmehr die Hilfe bei den flankierenden Maßnahmen: in der Vorsorge und Nachsorge, als Prophylaxe und Prävention wie auch als Rehabilitation und Resozialisierung.

Aus dieser scholastischen Gesundheitslehre erblühte im hohen und späten Mittelalter eine eigene Literaturgattung, die *Regimina sanitatis,* unter denen wir solche finden, die auf das alte hippokratische Elementen- und Säfteschema eingestellt waren und auch ihre Krankheitslehre danach gliederten. Andere wiederum hatten die äußeren Lebensverhältnisse als Orientierungspunkt: Und so gab es *Regimina* für jedes Alter, für das Geschlecht, für Berufe, für Reisen zu Wasser und zu Lande, für jede Lebenskrise, für die Tages- und Jahreszeiten oder die Monate *(Zwölfmonatsregeln).* Die Hauptgruppe aber konzentriert sich auf die antike und arabische Diätetik, auf die «sex res non naturales».

Das *Regimen sanitatis* kann sicherlich als das Kernstück dieser Überlieferung angesehen werden; es erscheint noch bei Paracelsus als *Regiment der Gesundheit* und ist in eindrucksvoller Weise in die «Hausväterliteratur» von Barock und Aufklärung eingegangen. Es lebt vielfach noch heute weiter, wenn auch nur noch als abgesunkenes Kulturgut, so in den bekannten Sprüchen nach dem *Regimen Salernitanum:* «Nach dem Essen sollst du ruh'n, oder tausend Schritte tun», oder: «Wider den Tod, ach, den harten, kein Kraut ist gewachsen im Garten».

In Aufklärung und Romatik kommt diese alte «Kunst zu leben» noch einmal zu einer überraschenden Blüte. «Lebenskunst» selber wird der Terminus technicus für eine reiche Literaturgattung, die sich anspruchsvoller Titel bedient wie «Makrobiotik» oder «Eubotik», «Orthobiotik» oder gar «Kalobiotik». Immer ist damit die Kunst gemeint, nicht nur üppig zu vegetieren, sondern in Fülle zu leben und schöpferisch zu schaffen, weniger also eine Kunst, das Leben zu verlängern als vielmehr die Kunst, die befristete Lebenszeit möglichst zu bereichern, zu vertiefen und verschönern und damit sinnvoll zu machen.

Im Jahre 1781 erschien zu Rostock ein *Diätetisches Wochenblatt für alle Stände oder gemeinnützige Aufsätze und Abhandlungen zur Erhaltung der Gesundheit,* wo noch einmal das alte Programm umrissen und erläutert wird: „So ist also Diätetik die Wissenschaft, welche uns lehrt, wie wir durch den rechten Gebrauch, und ordentliche Anwendung der Dinge, die außer uns sind, und die in uns selbst vorkommen und entstehen, unsere Gesundheit erhalten, und uns für Krankheiten sichern und bewahren können». Wenn dann der Mensch es dahin gebracht hat – schrieb Ernst von Feuchtersleben 1838 in seiner *Diätetik der Seele* –, daß ihm das Leben selbst zur Kunst wird, warum soll es ihm die Gesundheit nicht werden können, die das Leben des Lebens ist?» Nicht von außen kann diese Heilkunst und Lebenskunde an den Menschen herangetragen werden, sie muß aus eigenem Wissen wachsen und im eigenen Willen verwurzelt sein, weshalb Feuchtersleben denn auch vom «Hohelied der Heilkraft des eigenen Willens» gesprochen hat.

Beim Einblick in die Überlieferung dieser umfassenden Heilkultur versteht man erst, warum Isidor von Sevilla die mittelalterliche Medizin als eine «zweite Philosophie» verstehen wollte, warum Sokrates den Arzt Asklepios einen Mann mit staatsmännischem Blick genannt hat; und auch für Hippokrates war der Arzt in erster Linie der «kybernetes», der Steuermann in allen Lebenslagen und damit auch der fachkundige Leiter zu gebildeter Gesundheit.

Aus dem Geist dieser Überlieferung hat die mittelalterliche Scholastik sich bis weit in die Neuzeit hinein um das «Regiment der Gesundheit» gekümmert. Wir finden in Renaissance, Barock und Aufklärung noch zahlreiche wissenschaftliche Traktate über die «Kunst der rechten Lebensführung», aber auch eine weitverzweigte Literatur in Volksmedizin, enzyklo-

pädischen Wörterbüchern oder volkstümlichen Gesundheitskatechismen. Die berühmte *Makrobiotik* Hufelands, als die «Kunst, das menschliche Leben zu verlängern», ist nur ein besonders markantes Beispiel aus der Medizin der beginnenden Romantik, wo wir die letzte Blüte dieser «Gesundheitsregeln» erlebten.
Mit dem Aufbau einer naturwissenschaftlichen Medizin ist um die Mitte des 19. Jahrhunderts diese Überlieferung zum Stillstand gekommen. Erst in unseren Tagen finden wir erneut und überraschend systematisch Bemühungen um die Erhaltung der menschlichen Umwelt, um eine bewußtere Gesundheitsführung, um die Humanisierung des Alltags und der Arbeitswelt. Es sind die Fragen einer mehr ökologisch als ökonomisch orientierten Medizin von heute und für morgen, in denen das alte Wissen um eine gesunde Lebensführung wieder lebendig wird.

III.

Mitten in dieser zweitausendjährigen Überlieferung, die an Breite, Dichte und Dauer ihresgleichen sucht, begegnet uns das *Tacuinum sanitatis,* das in der Blütezeit der spätscholastischen Gesundheitsregimina der «Lehre vom rechten Leben» noch einmal eine besonders liebenswürdige Atmosphäre verleihen konnte. Auch das *Tacuinum* hat seine Wurzeln in der griechischen Heilkunst und im arabischen Mittelalter.
Um die Mitte des 11. Jahrhunderts hatte ein arabischer Leibarzt am Hofe des Kalifen in Bagdad versucht, die zahlreichen aus dem griechischen Heilschatz übersetzten Regeln für eine gesunde Lebensführung schematisch zu ordnen und sie auf eine möglichst klare tabellarische Übersicht zu bringen. Dafür bot sich ihm aus der älteren arabischen Astronomie ein sogenanntes «Tabellenwerk» an, das «taqwim», das dann auch für dieses «Tafelwerk der Gesundheit» («taqwim as-sihha») Pate stand. Der Name des Arztes war Ibn Butlan, ein Schüler des 1043 verstorbenen berühmten Leibarztes Ibn at-Tayib. Wir sollten auch seinen vollständigen Namen nennen, weil er die so schlecht übertragene lateinische Fassung (Elluchasem elimithar) erklärt, den vollen Namen: «Abu'l Hasan al-Muhtar b. al-Hasan b. Abdun b. Sa'dun b. Butlan»! Übersetzt in eine lateinische Handschrift wurde dieses Tafelwerk vermutlich in der Mitte des 13. Jahrhunderts am Hofe des Königs Manfred von Sizilien. Im lateinischen Druck erschien es erstmals 1531 bei Hans Schott in Straßburg. Bald folgte auch eine deutsche Übersetzung durch Michael Herr, einen Arzt aus Kolmar, der seinem Druck (1533) den Titel gab: *Schachtafelen der Gesuntheyt.* Die lateinischen Handschriften tragen den Titel *Tacuinus sanitatis* oder *Tacuinum sanitatis;* sie sind am Ende des 14. oder zu Beginn des 15. Jahrhunderts mit zahlreichen kostbaren Miniaturen illustriert worden, die noch deutlich die arabische Herkunft verraten.
Der ausführliche Titel dieser lateinischen Handschriften lautet in deutscher Übersetzung: *Handbuch der Gesundheit in medizinischen Fragen, das die sechs notwendigen Dinge aufzählt, in dem es darlegt, welchen Nutzen die Speisen und Getränke und die Kleider bringen, welchen Schaden sie anstiften können, und wie dieser Schaden verhütet wird, nach den Ratschlägen der besten alten Gewährsleute.* Damit haben wir abermals die «sechs notwendigen Dinge» dieser Kunst einer vernünftigen Lebensführung vor Augen, die nun noch einmal erläutert werden: «Das erste ist die Behandlung der Luft (aer), die ans Herz dringt. Das zweite ist die rechte Anwendung von Speise und Trank (cibus et potus). Das dritte ist die rechte Anwendung von Bewegung und Ruhe (motus et quies). Das vierte ist der Schutz des Körpers vor zuviel Schlaf oder Schlaflosigkeit (somnus et vigilia). Das fünfte ist die rechte Behandlung im Flüssigmachen und im Zurückhalten der Säfte (excreta et secreta). Das sechste ist die rechte Ausbildung der

eigenen Persönlichkeit durch Maßhalten in Freude, Zorn, Furcht und Angst (affectus animi)». Es heißt dann weiter – und hierbei geht der arabische Verfasser in aller Kürze auf die wesentlichen Momente der antiken Heilkunde ein –: «In diesem Beachten des rechten Gleichgewichts liegt die Erhaltung der Gesundheit. Und die Entfernung dieser sechs Dinge vom rechten Gleichgewicht bewirkt die Krankheit, da Gott, der Herrlichste und Höchste, es so zuläßt». Es wird dann auf die vielen anschaulichen Möglichkeiten selbst in einem so gedrängten Tafelwerk aufmerksam gemacht: auf die Veränderung der Lebensweise je nach Konstitution und Lebensalter, nach Wohngegend und Klima, nach Jahreszeiten und Geschlecht. Für alle Lebensfragen will der Arzt knappe und brauchbare Antworten anbieten. «Denn die Menschen wollen von den Wissenschaften nichts anderes als wirksame Hilfe, nicht aber spitzfindige Beweise oder langatmige Definitionen».

Diesem Vorsatz dienen nun auch die überaus reichhaltigen und vielfältig modifizierten Illustrationen. Da bilden zunächst einmal Licht und Luft den konkreten Raum einer leibhaftigen Umwelt, in der wir zu atmen und uns zu bewegen haben. Genau so lebenswichtig erscheint das zweite Feld, die Kultur des Essens und Trinkens, an die wir uns heute wieder erinnern, wo wir durch Freßsucht, Trunksucht, Drogensucht unsere Gesundheit immer systematischer zerstören. Der dritte Punkt betrifft das Gleichgewicht von Bewegung und Ruhe, von Arbeit und Muße. Und auch hier kommt alles auf den rechten Rhytmus von Spannung und Entspannung an, in der Arbeitswelt ebenso wie in einer kultivierten Gestaltung der Freizeit. Eng damit verknüpft ist unser viertes Paar, das Wachen und das Schlafen, die beide zusammen erst einen ausgeglichenen, gegen Hetze und Lärm geschützten, einen wirklich menschlichen Alltag samt der nächtlichen Erquickung geben können.

Mit dem fünften Punkt, der die Absonderungen und Ausscheidungen des Organismus behandelt, haben die alten Ärzte immer auch zwei sehr spezifische Kulturräume zu verbinden getrachtet: die alle Lebensphasen berührende Sexualhygiene und eine vor allem im islamischen Mittelalter zu höchster Blüte gekommene Badekultur. Hierbei lernt der Mensch mehr und mehr, seine Säfte und Kräfte zu steuern, seinen Temperamentenhaushalt zu beherrschen und sich nach und nach auch zu geselliger Lebensführung zu bilden. Dem Gleichgewicht in der Kunst vernünftiger Lebensführung dient schließlich auch der sechste und letzte Punkt: die Beherrschung der menschlichen Leidenschaften. Hier werden alle Affekte, die Fähigkeit, zu trauern oder zu weinen, sich zu freuen, zu fürchten oder auch in Zorn zu geraten behandelt ebenso wie die Möglichkeiten des Feierns und der Muße.

Dieses Programm einer vernünftigen Lebensführung und damit auch die Bilder-Bücher solcher «Kunst zu leben» sind uns in Aufklärung und Positivismus weitgehend verlorengegangen. Verloren gingen uns damit auch die Konzepte und Modelle zu einer Gesundheitsbildung und damit die Theorie und der Begriff von Gesundheit überhaupt. «Gesundheit» wird nur noch aus den negativen Leitbildern der naturwissenschaftlich orientierten Pathologie definiert, als ein Restzustand, ein Reservoir oder eine Enklave. Zuständig dafür wurde der Spezialist eines engumschriebenen Ressorts: der Arzt des öffentlichen Gesundheitsdienstes oder der Medizinalbeamte. Gesundheit war nicht mehr Gegenstand der Physiologie, nicht mehr das wichtigste Eigentum eines jeden gebildeten Menschen.

Alle diese uralten Heil- und Lebensmittel werden sicherlich auch heute noch traktiert und diskutiert, aber nur in ihren Kümmerformen und als Randerscheinungen: «Aer» ist nicht mehr der kosmische Luft- und Lichtraum mit seinem Wellenstrom und Wasserrhythmus, sondern so etwas wie «blauer Himmel an Rhein und Ruhr». Diätetik ist zusammengeschrumpft auf ein bißchen Dekoration an Speis und Trank. Arbeit und Muße reduzieren sich auf Streß und «Mach mal Pause», und die ganze Freizeitgestaltung wird auf den Feierabend und Urlaub geschoben, wo freie Zeit sich doch eigentlich gestalten müßte im Mittag des Lebens. Wir erwarten, daß die moderne Medizin sich nicht allein an den Forschungsergebnissen der Physik und Chemie orientiert, daß sie nicht nur mit Kassen- und Versicherungssystemen verbunden ist, daß sie nicht mehr als kurative Heilpraxis allein wirksam wird; sie muß vielmehr am Menschen und seiner Umwelt orientiert sein, am Selbstverständnis der Gesellschaft und ihrem ökologischen Gesamtsystem. Das uralte Konzept hippokratischer Heilkunde, das den Menschen als Ganzen in seiner Welt empirisch zu erfassen und zu steuern suchte und das die Naturwissenschaft reduziert hat auf quantifizierbare Modelle, es tritt wiederum in unser Blickfeld; nun aber nicht mehr als ein historisches Paradigma, sondern als eine Aufgabe für morgen.

Vor diesem Hintergrund wollen nun auch unsere mittelalterlichen Gesundheitsbücher gelesen werden. Sie zeigen uns, wo und wie man wieder «gute Nachbarn der nächsten Dinge» werden kann, zeigen uns jene «Kette von erfüllbaren Pflichten», von der Friedrich Nietzsche gesprochen hatte, Pflichten, die uns jeweils in eine ganz konkrete Situation stellen, in den leibhaftigen Alltag hinein, in unsere sinnliche Welt, in der wir nun einmal zu Hause sind und aus der heraus wir wirklich etwas an unserer Welt zu verändern in der Lage sind. Die traditionellen Texte und die immer von neuem darum aufblühenden Bilderbogen weisen uns so eindringlich darauf hin, daß es hier letzten Endes doch nur um die große Natur geht, die kultiviert werden will zu einer durch und durch leibhaftigen Kultur. «Immer wieder von neuem und auf neue Weise soll diese Welt verklärt werden»! Hier ist der Mensch wirklich «der eigentliche Dichter und Fortdichter des Lebens». Denn – um noch einmal Friedrich Nietzsche zu zitieren –: «Was nur Wert hat in der jetzigen Welt, das hat ihn nicht an sich, seiner Natur nach – die Natur ist immer wertlos –: sondern dem hat man einen Wert einmal gegeben, geschenkt, und *wir* waren diese Gebenden und Schenkenden! *Wir* haben erst die Welt, die den Menschen etwas angeht, geschaffen»!

Von dieser eigenen Welt, die uns etwas angeht, wollen die alten Gesundheitsbücher sprechen und damit auch über unser Gesundsein darin. Es leuchtet uns beim Studium der Texte und Bilder aber auch ein, warum von den «nicht-natürlichen Dingen» (res non naturales) gesprochen wird, Lebensbedingungen, die nicht von Natur aus geschenkt sind, die aber nur aus ihrem naturhaften Grunde kultiviert werden können – und so auch kultiviert worden sind: in den diätetischen Traktaten von der Antike bis in die Romantik, in den scholastischen *Regimina* und in besonders herzerfrischender Weise im *Tacuinum sanitatis*.

GEIST UND ÜBERLIEFERUNG DER REGIMINA SANITATIS

I.

Das *Regimen sanitatis*, jene einst so reich entfaltete medizinische Literaturgattung, die die Gesundheit und deren Erhaltung zu ihrem Leitthema erhoben hatte, erlebte im mittelalterlichen Abendland vom 13. bis 15. Jahrhundert ihre Glanzzeit, in einer Epoche also, in der die hoch- und spätscholastische Medizin in ihrer Blüte stand. So darf es denn nicht Wunder nehmen, daß auch das *Regimen sanitatis* den strengen, auf Formalisierung und Schematisierung bedachten Geist der scholastischen Wissenschaft atmet. Doch als Lehrschrift einer gesunden Lebensführung, die weniger für die Hand des Arztes, als vielmehr für den Gebrauch des medizinischen Laien bestimmt war, trägt es auch die kräftigen Farben der mittelalterlichen Lebensformen in all ihrer Vielfalt. Die Struktur des *Regimen sanitatis* als eines didaktischen, populärmedizinischen Traktates bestimmt sich somit aus einem Ineinander von spekulativ-systematisierenden und pragmatisch-realistischen Elementen.

Aufbau und Zielsetzung der Gesundheitsregimina werden nur verständlich, wenn man sie vor dem Hintergrund der arabistisch-scholastischen, auf hippokratische und galenische Vorstufen zurückweisenden Gesundheitslehre des Mittelalters betrachtet. Diese ist Bestandteil einer umfassenden Theorie der Medizin, wie sie seit dem 11. Jahrhundert in den großen Lehrschriften und Kompendien der medizinischen Scholastik in relativ wenig variierter Form niedergelegt ist. Nach dieser Lehre verfügt die Medizin in einer «theorica» über die theoretischen Grundlagen, denen in einer «practica» die Grundlinien des ärztlichen Handelns gegenüberstehen. Theorie und Praxis der Medizin halten sich die Waage. Die Theorie ist die Voraussetzung aller Praxis, und die Einheit beider trägt das Handeln des Arztes. Die «theorica» beschreibt die Phänomene Gesundheit («sanitas»), Krankheit («aegritudo») und deren Übergangsfeld, die Neutralität («neutralitas»), als Gleichgewicht bzw. Ungleichgewicht der körperlichen Abläufe. Alle drei Eigenschaften des Körpers werden erfaßt durch eine Physiologie und Anatomie der «res naturales», eine Pathologie der «res contra naturam» und eine Lehre von den «sex res non naturales», die zugleich Gesundheits- und Krankheitslehre ist. Auf der Seite der «practica» ergeben sich die drei großen Ziele ärztlichen Handelns: die Gesunderhaltung («conservatio sanitatis»), die Prophylaxe («praeservatio») und die Therapie («curatio»), wobei die Gesunderhaltung durchweg als die wichtigste Aufgabe der Medizin gilt. Die Methoden der Praxis, die auf dem Weg zu jedem dieser drei Ziele zu Gebote stehen, sind wiederum drei: die Diätetik («diaeta», «regimen sanitatis»), die Pharmazeutik («materia medica») und die Chirurgie.

Die zur «theorica» gehörenden Bereiche der «res naturales», «res non naturales» und «res contra naturam» sind in sich weiter aufgegliedert. Dabei ergeben sich zunächst bei den «res naturales» sieben Hauptgruppen: 1. «elementa»: die vier Elemente Feuer, Luft, Wasser und Erde mit ihren Qualitäten warm, kalt, feucht und trocken. 2. «commixtiones» (= «complexiones»): die verschiedenen Mischungsverhältnisse der Elemente und Qualitäten. 3. «compositiones» (= «humores»): die vier Körpersäfte Blut, Schleim, gelbe Galle und schwarze Galle mit ihren weiteren Differenzierungen und in ihrem komplexen Zusammenspiel. 4. «membra»: die Organe des Körpers. 5. «virtutes»: die im Körper wirkenden Kräfte, die in eine «virtus animalis», «virtus spiritualis» und «virtus naturalis» unterteilt sind. 6. «operationes» (= «actiones»): die physiologischen Vorgänge, die durch die «virtutes» bewirkt werden, z. B. die Verdauung oder die Ausscheidung. 7. «spiritus»: die hauchartige Substanz, die als Träger der Kräfte und Funktionen gilt. Dabei breitet sich ein «spiritus animalis» vom Gehirn über die

Nerven aus, ein «spiritus vitalis» geht vom Herzen aus in die Arterien, während der «spiritus naturalis» in der Leber entsteht und sich von hier über das Venensystem verteilt.
Den sieben «res naturales», die die Natur des Menschen in ihrem Zusammenhang von Elementen, Qualitäten, Säften, Strukturen und Funktionen umfassen, sind vier weitere angefügt, die diese menschliche Natur unter typologischen Gesichtspunkten differenzieren: 1. «aetates»: die vier Lebensalter; 2. «colores»: Haut-, Haar- und Augenfarbe; 3. «figura»: die äußere Gestalt, vor allem der dicke und magere Körperbau; 4. «distantia inter masculum et feminam»: der Unterschied der Geschlechter.
Den «res naturales» stehen die «res contra naturam» (= «res praeternaturales»), die gegen die Natur des Menschen gerichteten Dinge, gegenüber. Es sind dies 1. «morbus» bzw. «morbi» («aegritudines»): die Krankheiten; 2. «causa morbi»: die Krankheitsursachen; 3. «accidentia morbum sequentia» (= «signa» oder «significationes»): die Symptome der Krankheiten. Es handelt sich also um eine Krankheitslehre einschließlich Ätiologie und Symptomatologie.
Der dritte Bereich, die «res non naturales», fächert sich in sechs Gebiete auf, die meist in folgender Reihe abgehandelt werden: 1. «aer» = Luft. Hierbei kommt es zunächst auf die Qualität der Luft an, die nach Temperatur, Feuchtigkeit, Geruch und Reinheit beurteilt wird. Die Luftbeschaffenheit beeinflußt unmittelbar den körperlichen Zustand. Hinzu kommen die speziellen Klimaveränderungen, die durch den Wechsel der vier Jahreszeiten, den Wandel der Gestirnkonstellationen, die Windverhältnisse, die geographische Lage (Klimazonen, Hoch- und Tieflandklima, Gebirgs- und Seeklima, Bodenbeschaffenheit) bedingt sind.
2. «cibus et potus» = Speise und Trank. Eine allgemeine Speisenlehre behandelt die Wirkungen von guter und schlechter, schwerer und leichter, feiner und grober Nahrung und bewertet sie nach ihren Qualitäten warm, kalt, trocken und feucht. Sie wird durch eine spezielle Nahrungsmittellehre ergänzt, die die einzelnen Nahrungsmittel systematisch abhandelt. Ausgehend von einer Gliederung in pflanzliche und tierische Nahrung werden einerseits Früchte, Kräuter, Gemüse, Wurzeln und Obst, andererseits Landtiere, Fische und Geflügel sowie deren Produkte unterschieden. Bei den Getränken sind vor allem Wasser und Wein ausführlich erörtert.
3. «motus et quies» = Bewegung und Ruhe. Es werden die körperlichen Auswirkungen einer maßvollen und einer übermäßigen Bewegung diskutiert. Hinzu treten die verschiedenen Aspekte einer den ganzen Körper oder nur einzelne Körperteile beanspruchenden Bewegung, der aktiven und passiven Bewegung, der Bewegungen bei der Arbeit und beim Sport. Schließlich wird die Bewegung allgemein hinsichtlich ihrer Qualität, Quantität und Geschwindigkeit betrachtet. Die Ruhe wird in ihren physiologischen Wirkungen im wesentlichen als Komplementärbegriff der Bewegung beschrieben.
4. «somnus et vigilia» = Schlafen und Wachen. Hier ist die Regelung der Schlafdauer und der Wachphasen wesentlich, wobei auch die vor dem Schlafengehen aufgenommene Nahrungsmenge eine Rolle spielt.
5. «repletio et inanitio» (= «repletio et evacuatio», «secreta et excreta», «laxatio et constrictio humorum» u. a.) = Füllung und Entleerung. Das Gebiet umfaßt die Regulierung der Körperausscheidungen, wie Stuhl und Winde, Urin und Menstrualblut, Auswurf aus Mund und Nase, Erbrechen. Dazu gehören auch Maßnahmen wie das Purgieren oder der Aderlaß. Mit einbezogen sind außerdem der Koitus mit seinen vielfältigen Beziehungen zu den übrigen «res non naturales», sowie das Baden («balneum»), das den Körper von überflüssigen Säften befreit. Beim Baden sind die Lufttemperatur des Baderaumes ebenso zu berücksichtigen wie die Art des Badewassers. Wesentlich ist auch die auf das Bad folgende Massage, die jedoch wie das Baden vielfach zum Komplex «motus et quies» gestellt wird.

6. «accidentia animi» (= «affectus animi», «motus animi») = Leidenschaften. Es sind vor allem die sechs Affekte Zorn («ira»), Freude («gaudium», «laetitia»), Angst («angustia»), Furcht («timor»), Traurigkeit («tristitia») und Scham («verecundia»), die als physiologische Vorgänge geschildert werden.

Die sechs «res non naturales» umfassen offenbar eine komplexe Gesamtheit von Grundgegebenheiten, die entweder durch die Umwelt auf den Menschen wirken, wie das Klima oder die Ernährung, oder seine Grundtätigkeiten umschreiben, wie die Bewegung oder das Baden, oder aber im Körper selbst ablaufende Vorgänge bezeichnen wie Schlafen und Wachen, die Ausscheidungen, die Sexualität oder die Gemütsbewegungen. Ihnen allen gemeinsam ist die verändernde Einwirkung auf die Mischung der Säfte, Qualitäten und Kräfte des Körpers, also auf die Verhältnisse, die als «res naturales» zusammengefaßt sind. In diesem Wortsinne sind sie «nicht natürliche» Dinge, insofern sie in das Zusammenspiel der «natürlichen» Dinge im Körper, mit denen sie nicht identisch sind, eingreifen. Die «res non naturales» wirken sich erst an den «res naturales», der Natur des Menschen, aus. Der Mensch kann sich den «res non naturales» nicht entziehen, er bedarf ihrer. Aber sie müssen ständig reguliert, geordnet, ins rechte Gleichgewicht gebracht werden, eine Aufgabe, die der Mensch täglich neu selbst zu leisten hat, um gesund zu bleiben. Wird das Maß nicht eingehalten, so droht Krankheit, und hier zeigt sich die Verbindung der «res non naturales» zu den «res contra naturam». Es handelt sich also um die Regelung der gesamten Lebensweise in ihren körperlichen und seelischen Aspekten. Nur durch das ständige Bemühen des Menschen, seine labile Natur zu stabilisieren, kann das Gleichgewicht gehalten werden, die Mitte zwischen den Extremen, die allein die Gesundheit bedeutet. Erhaltung der Gesundheit hat also zur Voraussetzung eine Kunst der Lebensführung, die stets aufs neue die Natur des Menschen in eine Kultur bringt. Gesundheitsordnung wird so zur Lebensordnung, und diese wiederum ist nur möglich als Unterwerfung der Natur des Menschen unter ein übergreifendes Gesetz. Es sind im Grunde die alten, im *Corpus Hippocraticum* und in der aristotelischen Ethik verankerten Bereiche von «physis» und «nomos», von Natur und Gesetz, wirksam, die in ihrem Zusammenwirken zur «mesotes», der Mittellage oder dem Gleichgewicht, tendieren. Damit ist der Mensch zugleich einbezogen in den bergenden und ordnenden Zusammenhang des «kosmos», der großen Harmonie der Welt. Der Gesunde ist somit eigentlich der mit seiner Natur in die kosmische Ordnung integrierte Mensch. Dies ist ein Ziel, eine Aufgabe, und bedarf ständiger Anstrengung. Die mittelalterlichen Gesundheitsregimina werden nicht müde, diesen Weg aufzuzeigen. Im harmonischen Zusammenklang aller sechs «res non naturales» scheint er möglich.

Vergegenwärtigen wir uns jetzt noch einmal zusammenfassend die wichtigsten Punkte des Schemas einer Theorie der Medizin, wobei die enge wechselseitige Bezogenheit aller Teile des Systems untereinander hervorzuheben bleibt.

MEDICINA

Theorica	*Practica*
1. sanitas	1. conservatio sanitatis
2. neutralitas	2. praeservatio
3. aegritudo	3. curatio
1. res naturales	1. regimen sanitatis
2. res non naturales	2. materia medica
3. res contra naturam	3. chirurgia

Das *Regimen sanitatis* als Literaturgattung weist in seiner Struktur alle diese theoretischen und praktischen Aspekte in stark wechselnder Akzentuierung auf. Das eigentlich Charakteristische der mittelalterlichen Gesundheitsregimina ist jedoch die Zentrierung um die Begriffe «sanitas» (Gesundheit) und «res non naturales» auf der theoretischen, «conservatio sanitatis» (Gesunderhaltung) und «regimen sanitatis» (Diätetik) auf der praktischen Seite. Dabei bedeutet «regimen sanitatis» = «diaeta» (nicht zu verwechseln mit dem viel weiteren Begriff des *Regimen sanitatis* als literarische Gattung) nichts anderes als die Methode, die sechs «res non naturales» zu regulieren und in ihr rechtes Maß zu bringen. Davon abgesehen läßt sich die Fülle der Gesundheitsregimina typologisch grundsätzlich mittels der Begriffe der Theorie der Medizin ordnen und beschreiben. Die folgende Übersicht verwendet, soweit vorhanden, die zeitgenössischen Fachausdrücke zur Bezeichnung der verschiedenen Typen der Gesundheitsregimina, wobei stets zu beachten ist, daß ein Gesundheitsregimen in der Regel mehrere dieser Ausprägungsformen in sich vereinigt.
Betrachten wir zunächst die drei Ziele der «practica», nämlich Gesunderhaltung («conservatio sanitatis»), Vorbeugung («praeservatio») und Heilung («curatio»), so läßt sich jedes *Regimen sanitatis* von seiner Zielsetzung her als konservatives, prophylaktisches oder kuratives Regimen klassifizieren. Dafür waren die Bezeichnungen ‹Regimen conservativum›, ‹Regimen praeservativum› und ‹Regimen curativum› gebräuchlich.
Was die Methoden der «practica» anbelangt, also «regimen sanitatis» = «diaeta» (Diätetik), die Anwendung von Medikamenten («materia medica») und die Chirurgie, lassen sich die Gesundheitsregimina methodisch in diätetische (‹Regimen diaetale›), medikamentöse (‹Regimen medicinale›) und chirurgische Regimina einteilen.
Über Zielsetzung und Methodik hinaus bestimmt sich die Thematik der Gesundheitsregimina nach den «res naturales», «res non naturales» oder «res contra naturam». Im einzelnen hebt sich von den Regimina der «res non naturales» das besonders kennzeichnende Regimen der «sex res non naturales» ab, dessen Inhalt und Gliederung auf der Gesamtheit der sechs Bereiche beruhen. Daneben gibt es Regimenformen, die sich auf einzelne Gebiete der «res non naturales» beschränken: Regimen der Luft; Jahreszeitenregimen (‹Regimen temporum›); Monatsregimen (‹Regimen duodecim mensium›); Regimen der Bewegung (‹Regimen motus exercitii et quietis›); Reiseregimen (‹Regimen iter agentium›); Heeresregimen; Seeregimen (‹Regimen mare intrantium›); Speiseregimen (‹Regimen eius, quod comeditur et bibitur›); Regimen von Schlafen und Wachen (‹Regimen somni et vigiliae›); Regimen der Ausscheidungen; Regimen des Abführens; Regimen des Erbrechens; Aderlaßregimen; Baderegimen; Regimen des Koitus; Regimen der Gemütsbewegungen; ‹Lehre nach dem Aufstehen›.
Von den Regimina der «res naturales» seien besonders hervorgehoben: Regimen der Temperamente; Regimen der Körpergestalt; Regimen der Körperteile (‹Regimen membrorum›); Schwangerenreginem (‹Regimen praegnantium›); Regimen der Gebärenden (‹Regimen parturientis›); Kinderregimen (‹Regimen infantium›); Neugeborenenregimen (‹Regimen proprium infantis, cum exit ab utero›); Säuglingsregimen (‹Regimen lactationis›); Regimen der Amme (‹Regimen nutricis›); Regimen des Kleinkindes und des älteren Kindes bis zum 14. Lebensjahr; Regimen des Jugendalters (‹Regimen adolescentium›); Greisenregimen (‹Regimen senum›).
Unter den Regimina der «res contra naturam» sind zu nennen: Rekonvaleszentenregimen (‹Regimen convalescentium›); Regimen der Krankheitsfrühstadien (‹Regimen eius, in quo apparent signa futuri morbi›); Pestregimen; Regimen der akuten Krankheiten (‹Regimen acutorum aegritudinum›); Krankenregimen (‹Regimen infirmi›).
Innerhalb eines größeren *Regimen sanitatis* können sich mehrere Zielsetzungen, Methoden und

thematische Bereiche aneinanderreihen und überschneiden. Besonders häufig und charakteristisch ist das ‹Regimen conservativum›, aber auch das ‹Regimen praeservativum›, von der Methode her das ‹Regimen diaetale› und thematisch das Regimen der «sex res non naturales». Solche Traktate, die einen breiteren Bereich der Gesundheitslehre umgreifen, nennt man auch allgemeine Regimina, während die speziellen Regimina sich auf Einzelgebiete (z. B. Pestregimen) beschränken. Ist ein ‹Regimen sanitatis› ausschließlich auf eine bestimmte Persönlichkeit und deren individuellen Gesundheitszustand zugeschnitten, so handelt es sich um ein ‹Consilium›.

II.

Im folgenden soll ein Überblick über die wichtigsten mittelalterlichen Gesundheitsregimina versucht werden, soweit sie für den abendländischen Bereich in lateinischer oder volkssprachlicher Fassung relevant wurden. Ausgeklammert bleiben diejenigen Gesundheitslehren, die unselbständige Teile größerer medizinischer Kompendien und Summen darstellen. In der Geschichte des abendländischen *Regimen sanitatis* des Mittelalters sind grundsätzlich zwei Phasen zu unterscheiden. Die erste steht in der direkten Tradition der spätantiken Gesundheitslehre und gehört in die Zeit des Frühmittelalters, der Klosterheilkunde bzw. der vor- und frühsalernitanischen Medizin. Die zweite Phase setzt ein nach der Rezeption der antikarabischen Gesundheitslehre vom 11. Jahrhundert an und wird im 13. Jahrhundert greifbar. Sie dokumentiert sich in den Regimina der scholastischen Epoche.
Die Regimina der ersten Phase sind, verglichen mit den hoch- und spätmittelalterlichen, recht einfache, ganz auf die Gesundheitspraxis abgestimmte Schriften. Ihre Quellenbasis war schmal. Sie beschränkte sich im wesentlichen auf eine bruchstückhafte Überlieferung der diätetisch einschlägigen Werke des *Corpus Hippocraticum* und des Galen sowie deren Nachwirken bei einigen spätantiken bzw. byzantinischen Autoren. Dementsprechend gehen sie zwar von den antiken Vorstufen der «res non naturales» aus, es kommt jedoch nicht zur vollen Entfaltung dieses Kanons oder zu einer strengen Strukturierung des Regimens. Man kennt eine Reihe von teils anonymen, teils pseudoepigraphischen Kleinschriften, auf die hier nicht eingegangen werden kann. Lediglich zwei markante Vertreter seien hervorgehoben.
Eine *Diaeta Theodori* ist in Handschriften des 11. und 12. Jahrhunderts überliefert und noch 1533 zu Straßburg im Anhang zur *Physica* der Hildegard von Bingen gedruckt worden. Die Entstehungszeit ist unsicher. Vielleicht lehnt sich die Schrift an Theodorus Priscianus (um 400 n. Chr.) an. Sie scheint letztlich von spätgriechischen Vorlagen abhängig zu sein, worauf auch ein Hinweis auf Oreibasios (4. Jh. n. Chr.) hindeutet. Der Inhalt ist vor allem eine spezielle Speisen- und Getränkediätetik, dazu treten Bäder, Erbrechen und körperliche Übungen.
Ausschließlich auf eine spezielle Nahrungsmittellehre beschränkt sich im 6. Jahrhundert der aus Byzanz verbannte Arzt Anthimus in seinem Sendschreiben *De observatione ciborum* an den Frankenkönig Theoderich. Es erscheint bereits in Handschriften des 9. Jahrhunderts und ist noch in einem Prager Codex des 14./15. Jahrhunderts überliefert. Es gab auch eine mittelalterliche deutsche Übersetzung.
Was nun die *Regimina* der hoch- und spätmittelalterlichen Phase anbelangt, so tragen diese alle mehr oder weniger den Stempel des Arabismus. Sie sind – mit bemerkenswerten Ausnahmen – geprägt durch eine differenzierte, vielfach komplexe, formal hochstehende Struktur. Vor allem ist ihr Kernstück, die «sex res non naturales», in der Regel voll entfaltet.
Den Reigen der hochmittelalterlichen Gesundheitsregimina eröffnet die weit verbreitete

Epistola Aristotelis ad Alexandrum, eine vor der Mitte des 12. Jahrhunderts entstandene lateinische Übersetzung des Johannes Hispaniensis, auch Avendauth genannt, nach der arabischen Enzyklopädie ‹Sirr al-asrar›. Sie beeinflußte zahlreiche spätere Regimina und lag bereits im 13. Jahrhundert in deutscher Fassung vor. Inhaltlich stehen eine ‹Lehre nach dem Aufstehen› und ein Jahreszeitenregimen im Mittelpunkt der kleinen Schrift. Während der Alexanderbrief nur die Gesundheitslehren berücksichtigt, bietet die lateinische Übersetzung des Philippus Clericus aus der 1. Hälfte des 13. Jahrhunderts unter dem Titel *Secretum secretorum* die vollständige Fassung, die ihrerseits wieder eine große Wirkung entfaltete und mehrfach ins Deutsche übersetzt wurde.

Spuren des Alexanderbriefs finden sich auch in dem bekannten *Regimen sanitatis Salernitanum,* auch als *Flos medicinae* bezeichnet, das wohl in der Mitte des 13. Jahrhunderts oder um 1300, vielleicht auch erst im 14. Jahrhundert entstanden ist und angeblich dem König von England von der Schule zu Salerno geschickt wurde. Andere Überlieferungen tragen eine Widmung an den König von Frankreich. Das Regimen führt jedoch die Schule von Salerno möglicherweise zu Unrecht im Titel, wiewohl Vorstufen dort schon um 1150 existiert haben könnten. Ob Arnald von Villanova der Verfasser ist, oder ob das Gedicht auf Johannes Mediolanensis zurückgeht, ist ungewiß. Von ursprünglich 364 leoninischen Hexametern schwoll das Werk in verschiedenen Fassungen auf mehrere tausend Verse an. Die große Zahl der Handschriften ist noch nicht einmal erfaßt. Allein an lateinischen Drucken existieren bis ins 19. Jahrhundert hinein ca. 120 Auflagen, davon 28 Wiegendrucke. Im Mittelalter noch wurde es ins Hoch- und Niederdeutsche übersetzt, wovon es allein 11 Wiegendrucke gibt, außerdem einige Frühdrucke. Als *Regimen sanitatis* im Gattungssinne kann man eigentlich nur die Kurzfassung verstehen, während die erweiterten Fassungen die Gattungsgrenze sprengen und eher als medizinische Kompendien im Sinne einer kleinen ‹Practica› imponieren. Die Kurzfassung, wie sie mit einem Arnald von Villanova zugeschriebenen Kommentar oft gedruckt wurde, ist im Vergleich zu den anderen großen *Regimina* des Hoch- und Spätmittelalters auffallend locker gebaut und wenig durchstrukturiert. Die «res non naturales» tragen zwar den Inhalt, nicht aber die Form.

Wahrscheinlich älter als das *Regimen sanitatis Salernitanum* ist die *Epistola Theodori philosophi ad imperatorem Fridericum,* ein Gesundheitsregimen in Form eines Sendschreibens an Kaiser Friedrich II. Verfasser ist ein Magister Theodorus, der als Arzt und Astrologe gegen 1240 am sizilianischen Hof des Staufenkaisers eine Rolle gespielt hat. Er war als Hofastrologe Nachfolger des Michael Scotus und soll auch Lehrer des Petrus Hispanus gewesen sein. Das kurze Regimen, u.a. in einer Marburger Handschrift des 14. Jahrhunderts überliefert, zitiert eingangs den bereits erwähnten pseudo-aristotelischen Alexanderbrief und ist von diesem nicht unbeeinflußt. Es behandelt hauptsächlich Essen und Trinken, Schlaf und Sexualleben in einprägsamer Darstellung, allerdings ohne systematische Gliederung des Stoffes und ohne vollständige Berücksichtigung der «res non naturales».

Deutlicher wurde der Alexanderbrief zum Vorbild für den *Liber de sanitate* oder *Libellus de conservanda sanitate* des Florentiners Taddeo Alderotti (1223-1303), jenes bedeutenden Repräsentanten einer medizinischen Scholastik an der Universität Bologna. Sein Regimen gliedert sich in eine ‹Lehre nach dem Aufstehen› und ein Jahreszeitenregimen; den Schluß bilden die günstigen Laßtage und die Unglückstage. Auch hier sind die «res non naturales» nur der Sache nach gegenwärtig. Noch aus dem 13. Jahrhundert sind Handschriften erhalten. Ein Wiegendruck erschien in Bologna 1477. Eine mittelalterliche italienische Fassung trägt den Titel *Libello per conservare la sanità del corpo.*

Offenbar wirkmächtiger als dieser Traktat war das Regimen des Aldobrandino da Siena

(† 1287), eines Arztes aus der Toscana, der in Frankreich, zuletzt in Troyes, lebte. In französischer Sprache verfaßte er im Jahre 1256 sein *Régime du corps* für Beatrix von Savoyen, Gräfin von der Provence. Davon gibt es die stattliche Zahl von circa fünfzig Handschriften, dazu einen Druck (Lyon 1481). Im 14. Jahrhundert wurden zwei italienische Übersetzungen angefertigt, davon eine von Zucchero Benciveni. Eine dritte italienische Übersetzung, eine Teilübertragung in Versen von Battista Caracino, stammt aus dem 15. Jahrhundert und wurde mehrfach gedruckt. Das umfangreiche Regimen des Aldobrandino ist in vier Teile gegliedert: Es beginnt mit den «res non naturales» und einer nach dem Lebensalter geordneten Diätetik. Es folgt ein Regimen der Körperteile, darauf eine spezielle Speisendiätetik. Den Schluß bildet eine Physiognomik.
Die Thematik des ‹Regimen sanitatis› ist bei Petrus Hispanus (ca. 1215-1277), dem Professor in Siena und nachmaligen Papst Johannes XXI., gleich in mehreren Schriften und teilweise in strenger scholastischer Durchgestaltung und gedanklicher Auslotung entfaltet. Vor allem ist hier zu nennen die Schrift *De morte et vita (= De longitate et brevitate vitae),* die die Kunst der Lebensführung von einer Anthropologie her beleuchtet. Es sind ferner bekannt die *Regimenta sanitatis et custodia sui,* eine *Epistola ad imperatorem Fridericum super regimen sanitatis,* eine *Summa de conservanda sanitate* und ein *Consilium de tuenda valetudine ad Blancam Francie Reginam.* Eine genauere Untersuchung der zuletzt genannten Traktate steht noch aus.

Im 13. Jahrhundert wurden auch einige wichtige Vertreter des arabischen Gesundheitsregimens in lateinischen Fassungen zugänglich. Neben dem *Tacuinum sanitatis,* das später noch ausführlicher besprochen wird, gehört das *Regimen sanitatis* des Moses Maimonides in diesen Zeitraum. Dieser bedeutende jüdische Religionsphilosoph und Arzt, der 1135-1204 lebte, schrieb sein Gesundheitsregimen in arabischer Sprache um 1198 als Sendschreiben an den Sultan al-Malik al-Afdal. Nach einer hebräischen Zwischenstufe übersetzte es Johann von Capua (= Paravicius) in der 2. Hälfte des 13. Jahrhunderts ins Lateinische. Eine zweite lateinische Übersetzung fertigte Armengaud Blasii im Jahre 1290 nach dem arabischen Text. Die Abgrenzung der beiden lateinischen Fassungen in den Handschriften und Drucken ist bisher noch nicht gesichert. Der Erstdruck erfolgte zu Florenz 1477 oder 1481, weitere Auflagen erschienen bis weit ins 16. Jahrhundert hinein. Es muß also mit einer beträchtlichen Wirkung des Textes gerechnet werden. Das Regimen ist in vier Teile gegliedert: Einem konservativen Regimen der «res non naturales» folgt ein Krankenregimen, darauf ein kuratives Regimen speziell für den Sultan, wobei es sich also um ein Konsilium handelt. Den Abschluß bildet ein locker gebautes, aphoristisches Regimen mit konservativen, prophylaktischen und kurativen Zügen. Das *Regimen sanitatis* des Moses Maimonides zeichnet sich weniger durch einen straffen oder durchsichtigen Aufbau, als vielmehr durch eine sehr gelehrte, problemorientierte, kritische Auseinandersetzung mit den medizinischen und philosophisch-ethischen Grundlagen der Gesundheitslehre aus. Insofern nimmt es unter den Gesundheitsregimina des Mittelalters eine Sonderstellung ein.
Ein dem bedeutenden arabischen Kliniker Ibn Zuhr, latinisiert Avenzoar (ca. 1091/94-1162), wahrscheinlich zu Unrecht zugeschriebener *Liber de regimine sanitatis* wurde von Prophatius Judaeus im Jahre 1299 aus dem Arabischen ins Lateinische übertragen. Außer der handschriftlichen Überlieferung existiert ein sehr später Druck (Basel 1618), der eine Neuübersetzung durch Johann Georg Schenck von Grafenberg darstellt. Der übersichtlich gegliederte Traktat bietet unter anderem ein Regimen der Körperteile (‹Regimen membrorum›) und ein Regimen der «sex res non naturales».

Im 14. Jahrhundert nehmen Zahl und Bedeutung der *Regimina sanitatis* derart zu, daß man von einem Höhepunkt der Gattung in diesem Zeitraum sprechen kann. Einen sehr umfangreichen und komplexen Traktat verfaßte der bedeutende Bernard de Gordon, seit 1283 Professor an der Medizinschule von Montpellier, im Jahre 1308 unter dem Titel *Liber de conservatione vitae humanae.* Die vier Bücher stecken das Feld der Gesunderhaltung erst durch Aderlaß-, Harn- und Pulslehre ab, um am Schluß (Buch IV) auf das eigentliche ‹Regimen sanitatis› zu kommen. Dieses ist nach dem Lauf der Lebensalter sehr differenziert gegliedert und breitet den vollen Kanon der «res non naturales» aus. Teile des Werkes gelangten im Mittelalter zum Druck, u.a. in spanischer Sprache. Der erste vollständige Druck des IV.Buches erfolgte in Leipzig 1570, herausgegeben von dem Breslauer Arzt Joachim Baudisius, und zwar unter dem Titel *Tractatus de conservatione vitae humanae,* der ja eigentlich für alle vier Bücher zu gelten hätte. Der gesamte Traktat wurde erstmals zu Lyon 1574 gedruckt.
Zu den bedeutendsten diätetischen Schriftstellern des Mittelalters gehört der Spanier Arnaldus de Villanova (1234/40-1311), der wie Bernard de Gordon mit der Schule von Montpellier verbunden ist. Neben seinem *Commentum super regimen Salernitanum* und der Schrift *De conservanda iuventute et retardanda senectute,* die er dem König Robert II. von Neapel gewidmet hat, ist am wichtigsten sein *Regimen sanitatis ad inclytum regem Aragonum.* Es wurde 1308 für König Jakob II. von Aragonien wahrscheinlich in Montpellier verfaßt. Obwohl auf die Person des Königs abgestimmt, erhebt es sich darüber hinaus zu einer fundierten und durchgeformten Abhandlung des Gesamtbereichs der «res non naturales» von allgemeiner Gültigkeit. Die Wirkung war entsprechend breit und langdauernd: Eine große Zahl von Handschriften zeugt davon. Gedruckt wurde es erstmals in Turin (oder Piemont) 1474, dann innerhalb der Sammelausgabe der *Opera Arnaldi de Villa Nova,* herausgegeben von Thomas Murchius, Lyon 1504, und auch in Einzeldrucken des 16. Jahrhunderts. Es wurde im Mittelalter in mehrere Sprachen, unter anderen ins Katalanische, übersetzt und beeinflußte auch die deutschen Gesundheitsregimina.
Wenig später, im Jahre 1315, schrieb der Arzt Petrus Fagarola aus Valencia seinen beiden in Toulouse studierenden Söhne ein Regimen in Form eines Briefes, das frei von allem gelehrten Pomp in einer erstaunlichen Wirklichkeitsnähe auf die Gesunderhaltungs-Probleme der beiden Studenten eingeht. Aber auch dieses ganz pragmatische Schriftstück, das eigentlich ein Konsilium ist, ordnet seine Ratschläge nach den «res non naturales». Es ist in einer einzigen Handschrift in London überliefert.
Ein ebenfalls schmales, streng nach den «res non naturales» aufgebautes, aber für den allgemeinen Gebrauch gedachtes Regimen besitzen wir von Pietro da Tussignano († ca. 1410), der u.a. in Bologna im letzten Jahrhundertviertel als Medizinprofessor tätig war. Sein *Tractatus de regimine sanitatis* ist offenbar nur in Frühdrucken erhalten; in den dreißiger Jahren des 16. Jahrhunderts gelangte er mehrmals hintereinander zum Druck, u.a.in Paris 1536. In den *Tractatus de salute corporis* des Pseudo-Wilhelm von Saliceto (s.u.) ist fast das ganze Regimen des Pietro übernommen worden.
Ein sehr umfangreiches und gelehrtes Regimen, in vielem geradezu ein Gegensatz zu Pietro, ist von dem Piemonteser Arzt Giacomo Albini die Moncalieri († 1348/49) in einer Turiner Handschrift erhalten. Es führt den Titel *De sanitatis custodia* und ist dem Prinzen von Achaia, Jakob von Savoyen, gewidmet. Es ist stark von Wilhelm von Saliceto beeinflußt. Größere Wirkung scheint ihm nicht beschieden gewesen zu sein.
Vielleicht noch scholastischer als dieses, jedenfalls eines der formschönsten Regimina des ganzen Mittelalters, ist das *Regimen sanitatis* des Maino de Maineri (= Magninus Mediolanensis, † nach 1364). Maino war in der ersten Jahrhunderthälfte Professor der Medizin

in Paris und später auch Arzt der Visconti in Mailand. Das Regimen, das bedeutendste seiner zahlreichen medizinischen Werke, entstand anscheinend in den Dreißigerjahren des Jahrhunderts und ist dem Bischof von Arras, Andrea Ghini de Malpighi, zugeeignet. Es erlebte bereits im 15. Jahrhundert sechs Drucke, zuerst Leuven 1482. In der Ausgabe der *Opera Arnaldi de Villa Nova,* Lyon 1504, wird es als Werk Arnalds von Villanova abgedruckt: *Liber de regimine sanitatis Arnaldi de Villa Nova, quem Magninus Mediolanensis sibi appropriavit addendo et immutando nonnulla.* Die Autorschaft des Maino ist indessen über jeden Zweifel erhaben. Ein zweites, kürzeres Regimen, *Compendium regiminis sanitatis,* überliefert in einer einzigen Pariser Handschrift, ist 1339 in Paris geschrieben und Antonio Fieschi gewidmet.

Von Nicolaus Bertrucius (= Nicolao Bertuccio, † 1347), Medizinprofessor in Bologna und Lehrer des Guy de Chauliac, wurde ein Traktat *De regimine diaetae* in drei Teilen, deren erster die «res non naturales» abhandelt, zu Straßburg 1534 gedruckt. Inwieweit ein *Regimen sanitatis generale* in einer Wiener Handschrift und eine *Practica de regimine sanitatis* in einer Würzburger Handschrift, beide unter dem Namen des Bertrucius, damit zusammenhängen, bleibt noch zu untersuchen. Dasselbe gilt für den Abschnitt *De regimine sanitatis* in dem *Collectorium totius fere medicinae* des Bertrucius, das zu Lyon 1518 gedruckt wurde.

Ein nicht näher bekannter Johannes Bononiensis, Baccalaureus von Montpellier, schrieb in der ersten Jahrhunderthälfte für den König von Ungarn, vielleicht für König Karl-Robert, einen *Tractatus de regimine sanitatis,* der in zwei Handschriften erhalten ist.

Der durch seine Konsilia berühmte Bologneser Mediziner Gentile da Foligno († 1348) hat auch einen *Tractatus de conservanda sanitate corporis* verfaßt, der nur in einer Handschrift aus Terni überliefert zu sein scheint.

Von Barnabas de Riatinis (= Barnabas de Reggio, † ca. 1365), Arzt in Mantua und seit 1334 in Venedig, sind drei einschlägige Schriften erhalten. Im Jahre 1331 verfaßte er in Mantua einen *Libellus de conservanda sanitate*, ein kurzes allgemeines Regimen, gewidmet dem Simon da Correggio. In Venedig folgte 1338 *De naturis et qualitatibus alimentorum*, eine spezielle Nahrungsmitteldiätetik, nach dem Alphabet geordnet, für Guido de Reggio, Bischof von Concordia. Ein anderes Spezialregimen ist sein 1340 geschriebener *Libellus de conservanda sanitate oculorum*, gewidmet dem Patriarchen von Aquileia, Beltrando di San Genesio.

Der königliche Leibarzt Guido de Vigevano schrieb 1335 einen *Liber conservationis sanitatis senis* für den französischen König Philippe VI de Valois, der in einer Handschrift der Bibliothèque Nationale in Paris und einer Handschrift der Vaticana erhalten ist. Ein mit diesem nahe verwandtes *Regimen sanitatis* ließ er 1345 für denselben König folgen. Es ist in einer Handschrift in Chantilly überliefert.

Von Gerardus (Geraldus) de Solo († um 1360), einem bedeutenden Angehörigen der Schule von Montpellier, kennt man ein *Introductorium iuvenum scilicet de regime corporis humani,* erstmals gedruckt Lyon 1504. Eine handschriftliche Überlieferung liegt in der Bibliotheca Vaticana. Ob sein in einer Wiener Handschrift erhaltenes *Regimen sanitatis* damit identisch ist, wäre noch zu prüfen.

Schwer einzuordnen ist das *Regimen sanitatis* eines italienischen (?) Arztes Gregorius, das für einen Herzog Albrecht von Österreich geschrieben sein soll. Es dürfte nicht später als in der ersten Hälfte des 14. Jahrhunderts abgefaßt sein, da die ältesten Handschriften in diese Zeit hinabreichen. Eine wenig jüngere italienische Fassung ist einem Herrn Alyrone de' Riccardi di Glugia gewidmet. Eine unvollständige deutsche Übersetzung hat 1472 Peter Königschlaher seiner Verdeutschung des *Liber de natura rerum* des Thomas Cantipratensis angefügt. Teile des Regimens wurden in die deutschsprachige pseudo-arnaldische *Regel der Gesundheit* (s. u.) übernommen. Neben einer Aderlaßlehre bietet das Regimen eine nach den «sex res non

naturales» gegliederte Abhandlung. Verse aus dem *Regimen sanitatis Salernitanum* sind erläuternd eingefügt.
Das 14. Jahrhundert zeitigt auch in Deutschland eine lebhafte Entwicklung der *Regimina sanitatis* in Latein und in der Volkssprache. Das Lateinische benutzte z. B. ein Magister Gallus, der am Hofe Karls IV. in Prag als Arzt tätig war. Für den Kaiser verfaßte er eine *Vitae vivendae ratio,* die in einer Handschrift von etwa 1390 ehemals in der Fürstlich Lobkowitzschen Bibliothek in Raudnitz an der Elbe lag.
Von ungleich größerer historischer Wirkung war das schriftstellerische Werk des Arztes Konrad von Eichstätt (letztes Viertel des 13. Jahrhunderts – 1342). Sein lateinisch geschriebenes Regimen, der *Sanitatis conservator*, besteht aus zwei Teilen: Teil I ist nach den «sex res non naturales» gebaut, während Teil II = ‹De qualitatibus ciborum› eine spezielle Nahrungsmitteldiätetik darstellt. Beide Teile sind in den derzeit nachgewiesenen 16 Handschriften entweder gemeinsam überliefert oder es steht der erste Teil allein. Das ganze Werk gibt es in zwei Redaktionen, von denen die ältere und umfangreichere, das sog. ‹Urregimen›, schon um 1300 anzusetzen ist. Konrads ‹Urregimen› repräsentiert die Matrix einiger führender deutschsprachiger Gesundheitsregimina im Spätmittelalter.
Einflüsse Konrads zeigen sich aber auch im lateinischen *Tractatus de regimine sanitatis* des Klerikerarztes Arnold von Bamberg († ca. 1339), Propst des Säkularkanonikatsstiftes St. Jakob in Bamberg und Leibarzt von Pfalzgraf Rudolf, Herzog in Bayern. Das Regimen ist im Jahre 1317 verfaßt für Augustinus Gazotti, Bischof von Agram. Neben Konrad von Eichstätt scheint vor allem Arnalds von Villanova Regimen für den König von Aragonien (s. o.) für Arnold als Vorbild gedient zu haben. Mit über 10 erhaltenen Handschriften muß es eine ziemliche Wirkung gehabt haben. Im wesentlichen handelt es sich um eine spezielle Nahrungsmittellehre, während die übrigen «res non naturales» nur partiell und kurz abgehandelt sind.
Von den altdeutschen Regimina in der Nachfolge Konrads von Eichstätt ist besonders die *Ordnung der Gesundheit* hervorzuheben, die um 1400 von einem unbekannten Autor für den schwäbischen Grafen Rudolf VI. von Hohenberg und dessen Gemahlin Margarete zusammengestellt wurde. Der Erfolg war ein außerordentlicher: 27 Handschriften des 15. und 16. Jahrhunderts, 12 Wiegendrucke und ein Frühdruck von 1523 folgten. Der Erstdruck erschien in Augsburg 1472. Noch im handschriftlichen *Zwölfbändigen Buch der Medizin* des Kurfürsten Ludwig V. von der Pfalz aus dem 16. Jahrhundert ist das Regimen anzutreffen. Den Kern dieses Hohenbergischen Gesundheitsregimens, das zu den bedeutendsten Regimina des Mittelalters zu rechnen ist, bilden die «res non naturales». Er berücksichtigt auch die Temperamente und führt unter anderem ein Pestregimen.
Konrads von Eichstätt Nachwirkung ist ferner im sogenannten *Regimen vite* zu fassen, das sich als ein Werk Ortolfs von Baierland bezeichnet und sich in den Inkunabeldrucken von Ortolfs *Arzneibuch* unmittelbar an dieses anschließt, gefolgt von dem Kräuterbuch aus Konrads von Megenberg *Buch der Natur.* Wahrscheinlich ist dieses Gesundheitsregimen kein echtes Werk des Meister Ortolf, der vor 1339 als Wundarzt in Würzburg nachgewiesen ist. In sieben Inkunabeldrucken, erstmals erschienen zu Nürnberg 1477, erreichte es eine beträchtliche Verbreitung. Eine niederdeutsche Fassung wurde in Lübeck 1484 veröffentlicht. Auch handschriftlich ist das Regimen bezeugt, wenn auch nur in geringer Dichte. Wahrscheinlich dürfte es bereits in der zweiten Hälfte des 14. Jahrhunderts entstanden sein. Der Aufbau folgt den «res non naturales» mit dem Hauptgewicht auf der speziellen Nahrungsmitteldiätetik.
Dem Pseudo-Ortolf gegenüber war die Wirkung der sogenannten *Regel der Gesundheit*, die sich als Werk eines Arnoldus von Mumpelier gibt, nicht so groß. Zum Druck gelangte sie nicht, doch ist sie immerhin in zehn Handschriften des 15. und 16. Jahrhunderts bezeugt. Die Ent-

stehungszeit dieses pseudo-arnaldischen Gesundheitsregimens kann noch nicht sicher angegeben werden. Die älteste Überlieferung stammt aus dem Jahre 1421. Vielleicht ist es zu Anfang des 15. oder bereits in der zweiten Hälfte des 14. Jahrhunderts geschrieben worden. In einer Handschrift wird es jedenfalls als Widmungsarbeit für Barnabo Visconti von Mailand († 1385) bezeichnet. Im Zentrum des Regimens stehen die «res non naturales», wobei die spezielle Nahrungsmittellehre besonders reich entfaltet ist. Als Quellen kommen neben Konrad von Eichstätt hauptsächlich Arnalds von Villanova *Regimen sanitatis ad inclytum regem Aragonum* und das Regimen des Gregorius in Betracht.
Vor einigen Jahren wurde ein weiteres altdeutsches Regimen entdeckt, das in der Tradition des Konrad von Eichstätt steht. Es ist das sogenannte *Büchlein der Gesundheit*, das anonym in einer Münchner Handschrift des 15. Jahrhunderts überliefert ist. Die Entstehungszeit ist noch ungeklärt.
Zu den frühesten Gesundheitsregimina in deutscher Sprache gehört der *Spegel der naturen* des aus Norddeutschland stammenden Magisters der Medizin Everhard von Wampen. Das in niederdeutschen Versen abgefaßte Regimen wurde im Jahre 1325 in Schweden beendet und ist König Magnus Erikson von Schweden gewidmet. Es ist lediglich in einer Gothaer Handschrift lückenhaft erhalten. Everhard kannte das *Regimen sanitatis Salernitanum* und zitiert einige Verse daraus, und auch die *Epistola Aristotelis ad Alexandrum* war ihm nicht fremd. Sein eigenes Regimen ist jedoch ganz anderer Art: In vier Büchern bettet es die Gesunderhaltung in eine Lehre vom Menschen und der Natur ein, wie uns dies in ähnlicher Weise später bei Heinrich von Laufenberg wieder begegnet.

Auch im 15. Jahrhundert entstanden neue *Regimina sanitatis* in großer Zahl und in imponierender Formenfülle, ohne daß grundsätzliche strukturelle Wandlungen zu beobachten wären. In Italien schrieb der Florentiner Arzt Antonio Benivieni (1443–1502) eines der glänzendsten Regimina der Zeit. Sein straff konzipiertes Opus *De regimine sanitatis* ist Lorenzo di Medici gewidmet. Es ist lediglich in einer Venezianischen Handschrift und in einem Codex der Bibliotheca Vaticana erhalten. Zum Druck gelangte es nicht.
Ein anderer berühmter Florentiner Arzt, Nicolo Falcucci (= Nicolaus Falcutius, † um 1412), hat wohl eine der gewaltigsten Abhandlungen über die Gesunderhaltung mit einer erdrückenden Gelehrsamkeit zusammengestellt. Es ist der Tractat *De conservatione sanitatis,* der als Sermo I seines sieben Sermones umfassenden scholastischen Repertoriums der gesamten Medizin, der *Sermones medicinales*, in mehreren Drucken des 15. und 16. Jahrhunderts erhalten ist. Der Erstdruck erfolgte in Pavia 1484, ein weiterer in Venedig 1491.
Eine der führenden Persönlichkeiten der italienischen Medizin im frühen 15. Jahrhundert, Ugo Benzi (= Ugo da Siena, 1376–1439), Professor in Bologna, Pavia und Padua, in der Geschichte vor allem durch sein Konsilien-Corpus bekannt, hat zwei Regimina hinterlassen: Ein mit *De regimine sanitatis* betitelter Traktat bildet die Nr. 1 seiner Konsiliensammlung, die zuerst in Bologna 1482 und später noch mehrmals gedruckt wurde. Das Regimen, nach den «res non naturales» mit Betonung der Speisendiätetik geordnet, kann auch als Konsilium aufgefaßt werden. Ein ähnliches, aber damit nicht identisches Regimen ist der in italienischer Sprache abgefaßte *Trattato utilissimo circa la conservazione della sanità,* dem ein *Libro de conservare la persona in sanitade,* ein spezielles Regimen zur Erhaltung des Körpergewichtes, angehängt ist. Der Erstdruck wurde zu Milano 1481 veranstaltet, und gedruckt wurde es noch im 17. Jahrhundert.
Ein einflußreicher diätetischer Schriftsteller war der Medizinprofessor in Padua und Ferrara und Leibarzt der Este, Michele Savonarola (1382–1462). Auch er scheute sich nicht, von der

Volkssprache Gebrauch zu machen. Von erheblicher Wirkung war sein *Libreto de tutte le cose che se manzano comunamente e più che comune, e di quelle se beveno per Italia, e de sei cose non naturale, e le regule per conservare la sanità de li corpi humani*, Venedig 1508, bis 1575 mehrmals gedruckt. Eine spanische Übersetzung erschien in Sevilla 1541. Geschrieben ist der *Libreto* für Borso d'Este im Jahre 1452. Ebenfalls italienisch und demselben Borso d'Este gewidmet ist der handschriftlich mehrfach überlieferte *Libellus de sex rebus non naturalibus*. Möglicherweise bestehen Beziehungen beider Regimina zu Savonarolas Kompendium der gesamten Medizin, der *Practica medica*, deren Tractatus II die «sex res non naturales» abhandelt. Ein drittes, italienisch verfaßtes Regimen, dem Typ nach ein Schwangeren- und Kinderregimen, ist der *Tractatus ad mulieres Ferrarienses de regimine pregnantium et noviter natorum usque ad septimum annum*, der offenbar nur handschriftlich erhalten ist.
Mit großem Erfolg schrieb Benedetto da Norcia (= Benedetto di Reguardati), in der ersten Jahrhunderthälfte Professor in Perugia und Pavia, Leibarzt von Francesco Sforza, einen lateinischen *Libellus de conservatione sanitatis*. Außer in einigen handschriftlichen Überlieferungen ist er in sieben Druckauflagen des 15. Jahrhunderts verbreitet worden; zuerst kam er in Rom 1475 unter die Presse. Zusätzlich erschien er innerhalb des Sammeldruckes der ‹Arcana medicinae› zu Genf 1500. In den Handschriften ist er teils dem Erzbischof von Benevent, Astorgius Agnesi, teils Papst Nikolaus V. gewidmet, während der Erstdruck offenbar vom Drucker dem Papst Sixtus IV. zugeeignet ist. Das recht umfangreiche Regimen behandelt die «res non naturales» der Reihe nach unter besonderer Berücksichtigung der Nahrungsmittel, die im einzelnen, nach dem Alphabet geordnet, vorgeführt werden.
Guido Parato, ein anderer Leibarzt des Mailänder Herzogs Francesco Sforza, schrieb im Jahre 1459 einen *Libellus de sanitate conservanda* für Herzog Philipp den Guten von Burgund. Die Originalhandschrift wird in Brüssel aufbewahrt. Philipp der Gute ließ das Regimen ins Französische übersetzen; diese Handschrift gelangte später nach St. Petersburg. Das Regimen ist keine besonders selbständige Arbeit: Es beruht zu einem wesentlichen Teil auf Maino de Maineri, teilweise auch auf Arnalds von Villanova *Regimen sanitatis ad inclytum regem Aragonum*. In drei Abschnitte gegliedert, stellt es vor allem die Gesunderhaltung der Körperteile sowie die «sex res non naturales» dar.
Ein recht verbreiterter *Tractatus de salute corporis* gibt sich als Werk des berühmten Bologneser Mediziners Guilielmus de Saliceto (circa 1210–1285), ist jedoch in der ersten Hälfte des 15. Jahrhunderts entstanden. Gewidmet ist er König Alphons V. dem Großmütigen von Aragonien und Sizilien. Der unbekannte Autor, vielleicht selbst Angehöriger der Schule von Bologna, hat das Gesundheitsregimen des Pietro da Tussignano (s. o.) und das Regimen aus der *Summa conservationis et curationis* des Guilièlmus de Saliceto ausgeschrieben und daraus einen formvollendeten kleinen Traktat gebildet. Es gibt außer einigen Handschriften mehrere Inkunabeldrucke; der erste erschien 1472 in Utrecht.
Ein Regimen von kompendiösem Umfang, der sich hauptsächlich aus einer weit ausgebreiteten Nahrungsmitteldiätetik ergibt, ist die *Florida corona medicinae* des Paduaner Medizinprofessors Antonio Gazio (1469–1530). Vollendet im Jahre 1490 und erstmals 1491 zu Venedig gedruckt, erlebte sie noch im 16. Jahrhundert mehrere Auflagen.
Ein *Regimen sanitatis* von ungewöhnlicher Art ist der Tractat *De triplici vita* des Florentiner Neuplatonikers Marsilio Ficino (1433–1499). Es wurde 1489 vollendet und ist Lorenzo di Medici gewidmet. Der Erfolg war außerordentlich nachhaltig: Auf den Erstdruck (Florenz 1489) folgten im 15. Jahrhundert noch sechs Drucke, zahlreiche weitere Auflagen erschienen bis 1647. Eine prachtvolle Pergament-Handschrift des 15. Jahrhunderts liegt in Florenz. Übersetzungen aus der Zeit gibt es unter anderem ins Deutsche: Eine Übertragung von

Buch I ist unter dem Titel *Marsilius Ficinus Florentinus von dem dryfaltigen leben* in einer um das Jahr 1500 angelegten Heidelberger Handschrift erhalten. Unabhängig davon hat 1505 der Straßburger Stadtarzt und Humanist Johannes Adelphus Muling Buch I und II als *Das buch des lebens* verdeutscht und dem Straßburger Domherrn Heinrich Graf zu Werdenberg dediziert. Diese Übersetzung wurde im 16. Jahrhundert mehrmals gedruckt. Ficinos Schrift bietet in drei Teilen ein Gelehrtenregimen (‹De studiosorum sanitate tuenda›), ein Greisenregimen (‹De vita producenda›) und eine an Plotin angelehnte, astrologisch-kosmosophische Lebenslehre (‹De vita coelitus comparanda›). Insbesondere dieses dritte Buch sprengt die Grenzen des traditionellen *Regimen sanitatis*.
Im deutschen Raum tritt das *Regimen sanitatis* im 15. Jahrhundert weiterhin in breiter Fülle auf. Durchmustern wir zunächst die lateinischen Regimina. Ein Gesundheitsregiment für Kurfürst Friedrich den Sanftmütigen von Sachsen wurde geschrieben von Johannes Meurer, der um die Jahrhundertmitte an der medizinischen Fakultät in Leipzig lehrte und auch das Amt des Bürgermeisters bekleidete. Die *Doctrina bona et utilis* ist in einer Leipziger Handschrift überliefert. Knapp und auf das Wesentliche beschränkt, durchstreift sie den ganzen Bereich der «res non naturales», ohne sich allzu eng an eine Gliederung zu halten.
Ein noch nicht näher bekannter Konrad Monopp von Rüdlingen, vielleicht aus Riedlingen an der Donau stammend, hinterließ ein mächtiges *Compendium de regimine sanitatis*. Es ist in einer Zürcher und einer Londoner Handschrift überliefert, die beide der Mitte des 15. Jahrhunderts zugehören.
Der Arzt Burkhard von Horneck († 1522), der u. a. in Salzburg und Würzburg nachgewiesen ist, hat ein kurzes *Carmen de ingenio sanitatis* in elegischen Distichen abgefaßt. Es ist Erzbischof Berthold von Mainz zugeeignet und gelangte in Memmingen 1500 zum Druck. Eine Verdeutschung von J. Pfeifelmann, *Ein kurtze unterweisung zu enthaltung langwiriger leiplicher gesuntheit*, soll 1507 erschienen sein. Burkhards Greisenregimen *De senectute conservanda* ist in einer Handschrift der Army Medical Library nachgewiesen. Es ist weit umfangreicher als sein Lehrgedicht. Gewidmet ist es einem anderen geistlichen Herrn, dem Bischof Laurentius von Würzburg.
Ein kurzes Regimen in Form eines Konsiliums hat ein nicht weiter nachgewiesener Johannes Chanczelperger aus Schwanfelden, der sich als Baccalaureus der Medizin zu Bologna bezeichnet, einem Herrn Sigismund Dursperger zugedacht. Der Text liegt in einer Straßburger Handschrift aus dem dritten Viertel des 15. Jahrhunderts vor.
Einer der führenden Vertreter der Astromedizin in diesem Jahrhundert, der Zürcher Konrad Heingarter, herzoglich-bourbonischer Leibarzt und Hofastrologe, hat drei *Regimina sanitatis* verfertigt, die stark astrologisch orientiert sind. Im Jahre 1477 widmete er Herzog Johann II. von Bourbon, der an der Gicht litt, ein Konsilium. Die Handschrift liegt in der Bibliothèque Nationale. Ein Konsilium für Herzogin Johanna von Bourbon, geschrieben 1480 anläßlich einer Gebärmutterentzündung der Herzogin, ist handschriftlich in Zürich erhalten. Für Jehan de la Gutte, einen hohen Würdenträger am herzoglichen Hofe, hat er ein weiteres Konsilium geschrieben, das in der Bibliothèque Nationale aufbewahrt wird.
Ein eindrucksvolles Beispiel eines speziellen Gesundheitsregimes für Ordensangehörige ist der von einem Kartäusermönch in Erfurt verfaßte *Tractatus de regimine sanitatis virorum spiritualium ac devotorum*. Er ist spätestens um 1450 entstanden und in einer Münchner Handschrift erhalten. Die «sex res non naturales» bilden einen wesentlichen Bestandteil des Ganzen.

Gewichtiger noch als die lateinischen Texte in Deutschland erscheinen die *Regimina sanitatis* in deutscher Sprache im 15. Jahrhundert. Das vielzitierte *Regimen* des Schweizers Heinrich von Laufenberg (1391–1460), der in Freiburg i. Br. als Priester wirkte und später in ein Straßburger Kloster eintrat, ist im Jahre 1429 in Versform entstanden. Es sind sechs Handschriften des 15. Jahrhunderts erhalten, die teilweise reich illustriert sind. Unter dem Titel *Versehung des Leibs* fand es in Augsburg 1491 den Weg in die Druckerpresse. Auch der Druck ist mit zahlreichen Holzschnitten geschmückt. Das Regimen gibt in sieben Teilen eine umfassende, teilweise astrologisch untermauerte Gesundheitslehre, u.a. neben dem Regimen der «res non naturales» ein Schwangeren- und Kinderregimen.

Siegmund Albich (1347–1427), Leibarzt der Kaiser Wenzel und Siegmund, Erzbischof von Prag, Professor an der dortigen Universität, einer der führenden Köpfe der deutschen Medizin im Spätmittelalter, hat mehrere Schriften mit diätetischer Thematik geschrieben, die noch nicht genauer untersucht sind. Das Hauptwerk ist das *Regimen hominis sive Vetularius,* dem Titel nach also ein Greisenregimen. Tatsächlich ist es eher ein allgemeines *Regimen sanitatis,* das im übrigen wenig von scholastischer Systematik, dafür um so mehr von einer bemerkenswerten Eigenständigkeit des Denkens getragen ist. Die «res non naturales» sind ausgiebig berücksichtigt, fast mehr aber noch die «materia medica». Das Schwergewicht liegt auf der Prophylaxe und Therapie, wobei es besonders um die «paralisis» und das «rheuma» geht. Das Regimen war in einigen Handschriften sowie in einem Druck Leipzig 1484 verbreitet. Die sprachliche Form ist ungewöhnlich: Mitten im lateinischen Text finden sich immer wieder Übergänge ins Deutsche. Es gibt auch eine rein deutsche Bearbeitung, die vielleicht auf einen Albich-Schüler zurückgeht. Ein lateinischer *Tractatus de rectificatione aeris*, trotz des Titels ein allgemeines Regimen nach den «res non naturales», ist in einer Prager Handschrift überliefert.

Eines der schönsten deutschsprachigen *Regimina sanitatis* schrieb im Jahre 1493 der Tübinger Medizinprofessor Bartholomäus Scherrenmüller aus Aalen für Graf Eberhard im Bart von Württemberg und dessen Gemahlin Barbara. Es ist die Übersetzung eines Kapitels aus der nach 1275 entstandenen *Summa conservationis et curationis* des Guilielmus de Saliceto. Erhalten ist Scherrenmüllers Regimen lediglich in einer Berliner Handschrift. Im Mittelpunkt stehen die «sex res non naturales» und die Gesunderhaltung im Hinblick auf die Lebensalter.

Ein *Regiment zu der gesuntheit zubehalten*, von einem gewissen Johann Heyse aus Frankfurt im Jahre 1490 niedergeschrieben und möglicherweise auch verfaßt, ist in einer Darmstädter Handschrift überliefert. Das Regimen gibt in erster Linie eine allgemeine und spezielle Speisendiätetik sowie eine Krankheitsprophylaktik auf diätetischer Basis.

Nicht unerwähnt bleibe das *Regiment des Lebens*, das ein unbekannter Arzt zu Beginn des 15. Jahrhunderts dem Hochmeister des Deutschen Ordens als Wegbegleiter für eine gesunde Lebensführung überreichte. Es ist im Ordensbriefarchiv erhalten und noch nicht genauer untersucht.

In ihrem Charakter noch ganz mittelalterlich und von Konrad von Eichstätt beeinflußt zeigt sich die sog. *Groß-Schützener Gesundheitslehre,* überliefert in einer Handschrift von ca. 1520 aus der Schloßbibliothek von Groß-Schützen bei Preßburg. Das Regimen ist vor allem eine spezielle Speisendiätetik. Die übrigen «res non naturales» sind nur knapp abgehandelt.

Wenden wir uns zum Schluß den frühneuhochdeutschen *Regimina sanitatis* speziellen Charakters zu, und zwar zunächst den *Konsilia*. Das umfangreichste der z. Zt. bekannten deutschsprachigen Konsiliá ist der *Tractat* des Zürcher Stadtarztes Konrad Türst (ca. 1455–1503). Türst war Schüler von Konrad Heingarter (s. o.) und wie dieser auch Astrologe. Sein Gesundheitsregimen, lediglich in einer Zürcher Handschrift erhalten, entstand wohl 1482 und ist für den Berner Patrizier Rudolf von Erlach geschrieben. Eine in unmittelbarem Anschluß in der Handschrift folgende astromedizinische Schrift Türsts ist von dem Konsilium deutlich abge-

grenzt, so daß dieses nicht, wie öfters geschehen, astrologisch verstanden werden kann. Das Konsilium geht aus vom individuellen Körperzustand des Adressaten und liefert ihm ein genau darauf abgestimmtes Regimen nach den «sex res non naturales» sowie die Beschreibung der prophylaktisch oder therapeutisch indizierten Medikamente.
Der Heidelberger Mediziner Heinrich Münsinger († ca. 1472), Leibarzt von Pfalzgraf Ludwig III. und Kurfürst Friedrich II., schrieb sein *Regimen sanitatis* für den letzteren, das in einer Münchner Handschrift überliefert ist. Anlaß zur Erstellung dieses Konsiliums war ein rechtsseitiger Bronchialkatarrh des Kurfürsten. Das zu befolgende individuelle Regimen ist streng nach den «sex res non naturales» aufgeführt.
Von dem Heidelberger Medizinprofessor Erhard Knab, der zwischen 1455 und 1476 viermal Rektor der Universität war, ist ein deutsches Konsilium gegen die Gicht eines ungenannten, wahrscheinlich vornehmen Adressaten mit dem Titel *Regimen editum contra arteticam sive podegram* in einer Heidelberger Handschrift erhalten. Im Zentrum steht ein auf den «sex res non naturales» aufbauendes Regimen mit eingehender Berücksichtigung der Speisendiätetik. Daneben stehen medikamentöse Maßnahmen.
Der Nürnberger Stadtarzt Johann Lochner gab seinem Sohn, der Pfarrer war, im Jahre 1480 ein *Consilium sew regimen sanitatis* mit auf die Reise nach Rom. Dieses Reisekonsilium ist in einer Londoner Handschrift auf uns gekommen. In straffer Gliederung bringt es in drei Teilen die «sex res non naturales» mit ausführlicher Darlegung der Speisendiätetik, medikamentöse Ratschläge und ein Pestregimen.
Von den speziellen altdeutschen Regimina, die nicht den Charakter eines Konsiliums tragen, seien nur die markantesten herausgegriffen. Der Augsburger Arzt Batholomäus Metlinger († 1492) ließ zu Augsburg 1473 seine populäre Schrift *Ein regiment der jungen kinder* erscheinen. Dieser Erstausgabe folgten vier weitere Wiegendrucke und mehrere Frühdrucke. Auch eine handschriftliche Überlieferung des 15. Jahrhunderts ist bekannt. Das Kinderregimen befaßt sich mit der Erziehung und Pflege des gesunden und kranken Kindes bis zum 7. Lebensjahr. Als selbständiges Spezialregimen dieser Art ist Metlingers Schrift im spätmittelalterlichen Deutschland von maßgebender Autorität gewesen. Das Büchlein steht jedoch in vielfachen Beziehungen zur pädiatrischen Literatur der Zeit.
Entsprechendes gilt für das kleine Regimen für Schwangerschaft, Geburt und Wochenbett, das den Titel führte: *Disz biechlein sagt, wie sich die schwangern frawen halten süllen vor der gepurt, in der gepurt und nach der gepurt.* Es muß eine beträchtliche Volkstümlichkeit besessen haben. Zwar bezeichnete es sich als eine Schrift Ortolfs von Baierland, doch dürfte es schwerlich von ihm verfaßt sein. Der Erstdruck erschien in Augsburg 1495; es folgten im Jahre 1525 je ein Druck in Freiburg i. Br. und in Augsburg. Handschriftliche Überlieferungen sind nicht bekannt.
Mit diesem Streifzug durch die Länder und die Jahrhunderte, auf dem mit Sicherheit vieles noch gar nicht in das Blickfeld geraten ist, sollte wenigstens eine umrißhafte Vorstellung von der regionalen Verbreitung und der Überlieferungsdichte dieser Gesundheitsregimina vermittelt werden. Es kann nicht bezweifelt werden, daß diese Literaturflut vom König und Bischof bis hinab zum Stadtbürger die sozialen Schichten erfaßt und deren Lebensführung beeinflußt hat. Die Autoren waren sehr häufig Professoren der Medizin, unter denen sich nicht wenige klangvolle Namen der Scholastik befinden. Aber auch unbekannte Ärzte und gelegentlich Geistliche sind die Verfasser. So spannt sich der Bogen von der hochgelehrten Abhandlung bis zum populären Traktätchen, vom Latein, das nur der Gebildete verstand, bis zur Volkssprache, die auch den einfacheren Mann an der Gesundheitsbelehrung teilnehmen ließ. Schließlich haben wir versucht, auf die Struktur dieser *Regimina* hinzuweisen, die

immer wieder in großer Beharrlichkeit ähnliche Elemente variiert, wobei die «sex res non naturales» geradezu leitmotivisch durchgespielt werden. Wir sahen ferner, wie diese Struktur sich erst im Gefolge der Rezeption der arabischen Vorbilder in ihrem ganzen Formenreichtum durchgesetzt hat.

III.

Ein besonders markanter und eigenwilliger Vertreter des mittelalterlichen Gesundheitsregimens ist das *Tacuinum sanitatis*, dessen illustrierte Kurzfassung in diesem Band vorgestellt wird und das deswegen zum Schluß ausführlicher besprochen werden soll. Der in Bagdad tätige christliche Arzt Ibn Butlan († 1063) hat ein Gesundheitsregimen in Form eines synoptischen Tabellenwerkes geschrieben mit dem Titel ‹Taqwim as-sihha›. Der Erfolg dieses Werkes ist wohl in erster Linie seiner eigenartigen, sehr praktikablen Form zuzuschreiben. Die lateinische Übersetzung erfolgte in der zweiten Hälfte des 13. Jahrhunderts. Der Übersetzer ist unbekannt. Einen Hinweis auf ihn enthält eine Venezianische Handschrift des 14. Jahrhunderts: «Liber Tacuini translatus de arabico in latinum in curia illustrissimi regis Manfredi scientiae amatoris». Wahrscheinlich muß man ihn also am Hofe König Manfreds von Sizilien (reg. 1254–1266) in Palermo suchen. Die in der neueren Literatur teilweise auftauchende Zuschreibung der Übersetzung an Farağ ben Salim, auch als Moses Faragut bekannt, der seit 1279 im Dienste König Karls von Anjou stand, ist nicht gerechtfertigt: Er hat ein ähnliches Tafelwerk, den nosologisch-therapeutischen *Taqwim al-abdan* des Ibn Ğazla († 1100), übersetzt. Diese Übersetzung wurde als *Tacuini aegritudinum et morborum ferme omnium corporis humani, cum curis eorundem, Buhahylyha Byngezla autore* zu Straßburg 1532 gedruckt. Das Werk des Ibn Butlan hingegen war in der anonymen lateinischen Übersetzung als *Tacuinum sanitatis*, auch *Tacuinus sanitatis*, in zahlreichen Handschriften verbreitet, deren älteste aus dem 13. Jahrhundert erhalten sind. Zum Druck gelangte es unter dem Titel *Tacuini sanitatis Elluchasem Elimithar medici de Baldath, de sex rebus non naturalibus, earum naturis, operationibus et rectificationibus, publico omnium usui conservandae sanitatis recens exerati* in Straßburg 1531. Die *Tacuini sanitatis* und die *Tacuini aegritudinum* erschienen auch gemeinsam in einem Band vereinigt zu Straßburg 1533. Beide Werke zusammen übersetzte der Straßburger Stadtarzt Michael Herr unter dem Titel *Schachtafelen der Gesuntheyt* ins Deutsche; sie gingen ebenfalls zu Straßburg 1533 in den Druck. Den deutschen Druck wie auch die lateinischen Ausgaben ließ der Drucker Hans Schott von Hans Weiditz d. J. mit Holzschnitten illustrieren.

Die Wirkung des *Tacuinum sanitatis* von Ibn Butlan verbreiterte sich noch erheblich mit der Entstehung einer Kurzfassung des lateinischen Textes, die durch zahlreiche Bilder (über 200 Miniaturen) zu einem prachtvollen Repräsentationswerk, einem diätetischen Hausbuch für sehr reiche Benutzer, ausgestaltet wurde. Man kennt bisher neun solcher Bilderhandschriften, darunter eine italienische Übersetzung aus dem 15. Jahrhundert. Die älteste Fassung scheint das sog. *Pariser Tacuinum* vom Ende des 14. Jahrhunderts zu sein, während das etwas jüngere *Wiener Tacuinum* aus dem letzten Jahrzehnt des 14. Jahrhunderts stammt. Ein Bildertacuinum aus der ersten Hälfte des 15. Jahrhunderts wird heute in Granada aufbewahrt. Beispiele aus diesen und weiteren illuminierten Handschriften bietet die vorliegende Faksimile-Edition.

Wenden wir uns nun dem Aufbau der ungekürzten Fassung des *Tacuinum sanitatis* bzw. der *Tacuini sanitatis* des Ibn Butlan zu, da die Bildfassung vor diesem Hintergrund besser verständlich wird. Schon der Titel kennzeichnet die Grundform: «tacuinum» von arabisch «taqwim» bedeutet allgemein ein in Tabellenform verfaßtes Werk, eine «dispositio per tabellas».

Sie kommt im Mittelalter nicht nur in medizinischem, sondern auch in juristischem und astronomischen Zusammenhang vor. Der lateinische Ibn Butlan setzt denn auch den Begriff «tacuini» mit «tabulae» gleich. Den Stoff der Gesundheitslehre verteilt er auf 40 «tacuini», von denen jeder zwei einander gegenüberliegende Seiten füllt. Jeder «tacuinus» ist in 16 Häuser («domus») unterteilt, von denen Haus 1–15 in den Tabellen selbst untergebracht sind, während die Ausführungen des 16. Hauses dem Tafelwerk als zusammengehörendes Ganzes vorausgeschickt werden.
Die Struktur bestimmt sich des weiteren durch die «sex res non naturales». Der Terminus wird auf dem Titelblatt und auch im Text selbst verwendet. Daneben steht die Bezeichnung «sex res necessarie» (die «sechs notwendigen Dinge») in der Überschrift zum Vorwort: ‹De sex rebus, quae sunt necessariae cuilibet homini›. Die wenig ausgebaute theoretische Ebene des Werkes ist traditionell: Die «sex res» dienen der Erhaltung der Gesundheit. Es ist das Gleichgewicht dieser «sex res», das die Gesundheit erhält und dessen Aufhebung zur Krankheit führt. Das Gleichgewicht gilt es durch Regulierung der sechs Dinge zu erreichen und zu bewahren. Die Maxime gesundheitsgemäßer Lebensführung heißt allgemein, das Nützliche zu tun und das Schädliche zu meiden. Gesunderhaltung und Prophylaxe sind eine Frage des richtigen Lebens. Die Regulierung der «res non naturales» ist etwas, das alle Menschen betrifft, woraus sich die Bestimmung des Regimens ergibt: Es dient dem Nutzen aller. Damit jeder seinen Nutzen daraus ziehen könne – so Ibn Butlan –, sei eine breite wissenschaftliche Diskussion vermieden worden, die ja den Leser nur langweile, und deshalb werde alles in Tabellenform gebracht. Zugleich sei die Anwendung der Tabellenform auch deshalb gerechtfertigt, weil Könige und andere vornehme Herren solche Tafelwerke zu verwenden pflegten. Ob man daraus den Schluß ziehen darf, daß Ibn Butlan sein *Tacuinum* ursprünglich für einen fürstlichen Auftraggeber geschaffen hat, kann nicht mit Sicherheit entschieden werden. Zumindest stellt er es hier in die literarische Tradition einer in Adelskreisen benutzten, tabellarischen Form des Gesundheitsregimens, über die weiter nichts bekannt ist.
Die «sex res non naturales» sind folgendermaßen in das System der 40 Tafeln eingearbeitet: Der Reigen wird eröffnet von einer speziellen Nahrungsmitteldiätetik, die die Tacuini 1–30 und damit drei Viertel des Gesamtbestandes einnimmt. Es folgen die Gemütsbewegungen (Tac. 31), Füllung und Entleerung, dazwischen Schlafen und Wachen (Tac. 32 u. 33), Bewegung und Ruhe (Tac. 34), Baden (Tac. 35 u. 36), Luft (Tac. 37–40). Jeder Tacuinus unterteilt seine Materie in sieben Unterbegriffe. Man kommt damit auf insgesamt 280 behandelte Gegenstände innerhalb der «res non naturales». Ferner ist jeder Tacuinus mit seinen sieben Sektoren in die 15 Häuser («domus») differenziert, die für jeden Tacuinus dieselben sind, und zwar: Domus 1: Fortlaufende Nummer des Gegenstandes von 1–280 («numerus»); Domus 2: Bezeichnung des Gegenstandes («nomina»); Domus 3: Eigenschaft nach der Qualitätenlehre («naturae»); D. 4: Grad im Sinne dieser Lehre («gradus»); D. 5: Optimale Form oder Art des Gegenstandes («melius ex re ipsa, quam queris»); D. 6: Nutzen («iuvamentum eius»); D. 7: Schaden («nocumentum eius»); D. 8: Behebung des Schadens («remotio nocumenti eius»); D. 9: Aus der Sache entstehender Körpersaft im Sinne der Viersäftelehre («quid generat»); D. 10: Körperkonstitution, für die der Gegenstand am bekömmlichsten ist («complexiones»); D. 11: Günstigstes Lebensalter dafür («aetates»); D. 12: Günstigste Jahreszeiten («tempora»); D. 13: Dafür besonders geeignete Gegend («regiones»); D. 14: Aussagen der medizinischen Autoritäten zum Thema («opiniones philosophorum»); D. 15: Astrologische Gesichtspunkte der Anwendung («electiones et proprietates»). Die 16. Domus, die vor den Tacuini steht, bringt einleitende und ergänzende Ausführungen zu den einzelnen Tafeln nach Art eines fortlaufenden Kommentars. Sie gliedert sich in 41 «canones introductorii»,

von denen sich Canon 7 bis 41 auf die Tacuini beziehen, während die ersten sechs selbständig sind: sie handeln die allgemeine Speisendiätetik ab, die in die Tabellen nicht aufgenommen ist.
Geht man die thematischen Schwerpunkte innerhalb der «res non naturales» der Reihe nach durch, so fällt auf, daß weitaus der größte Teil des Regimens dem Feld von «cibus et potus» vorbehalten ist. Innerhalb der allgemeinen Speisendiätetik stehen im Zentrum die Fragen des Geschmacks und Geruchs der Speisen, der allgemeinen Beschaffenheit und Verdaulichkeit, der Eigenschaften der einfachen und zusammengesetzten Speisen, Schaden und Nutzen, Verbesserung der Speisen und Vermeidung von Schädigung. Auf diese ganz allgemeinen Grundsätze folgen die detaillierten Ausführungen der speziellen Speisenlehre. Sie beginnt mit pflanzlichen Produkten und setzt an die Spitze die Früchte («fructus»), gefolgt von den Getreidearten und -produkten («grana»), den Hülsenfrüchten («legumina»), den verschiedenen Brotsorten («panes»), den Gemüsearten und Kräutern («herbae sive olera»). Die nächste Gruppe bilden die tierischen Produkte, zunächst die Milch mit den Milcherzeugnissen, dann die Eier, das Fleisch der Haustiere, das Fleisch des Wildes und der Vögel, Fische und sonstige Meerestiere, tierische Körperteile. Als weitere Gruppe heben sich die Küchengerichte ab. In engem Zusammenhang mit der Speisenthematik folgt ein Einschub über Zahnpflegemittel. Es schließen sich an die Arten des Wassers und des Weines. Nach den wohlriechenden Pflanzen beschließen die Nachtische die Speisenlehre.
Als nächstes sind die Gemütsbewegungen an der Reihe. Dazu gehört auch Musik mit Gesang, Orgelspiel und Tanz. Die Gemütsbewegungen im engeren Sinne sind Freude, Scham, Zorn, Furcht, Angst und Traurigkeit. Das Thema von Füllung und Entleerung wird behandelt nach Trunkenheit, Verstopfung, Erbrechen, Abführen. Dazu kommt der Beischlaf. Innerhalb des Themas Füllung und Entleerung werden in den Tafeln der Schlaf und das Wachen aufgeführt, wohl eher aus äußeren Gründen als aus innerer Berechtigung. In den Kreis von Schlafen und Wachen einbezogen ist die Kunst des Geschichtenerzählers, der mit seinen Geschichten vor dem Schlafengehen für angenehme Träume sorgt. Es wird betont, daß das Anhören von solchen Geschichten eigentlich zu den «accidentia animae» gehöre. Im Bereich von Bewegung und Ruhe wird auf manche Arten des «exercitium» näher eingegangen: das Reiten, die Jagd und den Fischfang, den Ringkampf, das Springen und Spazierengehen, die Spiele, die Spaß machen, wie das Ballspiel, und das Geschaukeltwerden in der Wiege. Auch für die Körperteile gibt es Übungen: Händeklatschen und Lautenschlagen, für die Füße das Treten der Kelter, für die Brust das Singen und Pfeifen.
Im Anschluß an «motus et quies» und offenbar als dazugehörig gedacht wird das Bad im einzelnen dargestellt. Wichtig sind die verschiedenen Temperaturen in den Badestuben, die Wassertemperatur und der Mineralgehalt des Wassers. Im Bade befleißigt man sich der Abreibungen und des Einölens, wie überhaupt der Körperpflege, insbesondere der Haare und Nägel. Man beschäftigt sich mit der Betrachtung bildlicher Darstellungen in den Bädern, als da sind: Bilder von Gastmählern, Hochzeiten, Schlachten und berühmten Philosophen, und erfreut sich an Schach- und Würfelspiel. Da man sich nach dem Bade wieder anzieht, werden auch die Arten der Kleidung einschließlich der Pelze besprochen.
Es folgt eine Aufzählung der wohlriechenden Substanzen, der Syrupe und Fruchtsäfte, die vielleicht schon in das Vorfeld des sich unmittelbar anschließenden Gebietes der Luft gehören. Es wird zunächst eine gute, reine Luft von einer vergifteten, verunreinigten Luft unterschieden. Die Luft differenziert sich ferner hinsichtlich ihrer Temperatur und ihres Feuchtigkeitsgrades. Das Klima wird beeinflußt durch die Jahreszeiten, durch Vorgänge am Sternenhimmel, durch die Winde und die geographische Lage. Das Klima der Landschaften bestimmt sich

nach Höhenlage, Nähe von Bergen oder Meer und nach der Bodenbeschaffenheit. Es gibt außerdem vier Hauptklimazonen entsprechend den vier Himmelsrichtungen. Schließlich ist auch in den Wohnungen ein bestimmtes Klima je nach den äußeren Bedingungen herzustellen.

Zusammenfassend läßt sich das *Tacuinum sanitatis* des Ibn Butlan als ein allgemeines *Regimen sanitatis* nach den «res non naturales» charakterisieren, das die Nahrungsmitteldiätetik ganz in den Vordergrund stellt. Die Kasuistik der «res non naturales» weicht im ganzen nicht wesentlich von den Aufstellungen der anderen großen mittelalterlichen Regimina ab. Nach der ärztlichen Zielsetzung ist das *Tacuinum* primär ein konservatives *Regimen*. Es trägt aber auch Züge eines prophylaktischen und eines kurativen *Regimens*, ohne daß sich hieraus eine Strukturierung ergeben hat. Die Methodik ist in erster Linie diätetisch, doch ist der Anwendung von Medikamenten breiter Raum gelassen. Auch von der Methodik her zeichnet sich keine zusätzliche Struktur ab. Eine Besonderheit der äußeren Form ist die Durchgestaltung als Tabellenwerk, die innerhalb der Gattung der *Regimina sanitatis* singulär ist. Wiewohl das *Tacuinum sanitatis* eine gewaltige Stoffülle bietet, ist es kein gelehrtes *Regimen*, das sich etwa auf eine wissenschaftliche Diskussion von Problemen der Gesundheitslehre einließe. Mit seinem konsequenten Schematismus ist es vielmehr ganz auf die bequeme Benutzbarkeit durch den Laien ausgerichtet.

In der Kurzfassung des *Tacuinum sanitatis* tritt an die Stelle des Tabellenwerkes das Bilderbuch. Die Bilder werden so beherrschend, daß der Text in den Hintergrund gedrängt wird. Er ist erheblich gekürzt und umgestaltet. Die Reihenfolge der Einzelgegenstände ist z. T. verändert, doch ist im ganzen die Gewichtsverteilung innerhalb der «sex res non naturales» dieselbe geblieben. Das bedeutet, daß auch hier die Speisendiätetik weit im Vordergrund steht. Diese wertvollen und seltenen Bilderhandschriften des späten 14. Jahrhunderts blieben wohlhabenden Auftraggebern vorbehalten und dienten wohl ebenso sehr dem ästhetischen Genuß wie der Gesundheitsbelehrung.

DAS TACUINUM SANITATIS IN DER KUNSTGESCHICHTE

Während die in zahlreichen Handschriften verbreitete arabische Originalfassung des *Tacuinum sanitatis* und seine lateinische Übersetzung Gegenstand der medizinhistorischen Forschung sind, bilden die gekürzten illuminierten Fassungen dieses Textes mit ihren über zweihundert Miniaturen, die um das Ende des 13. Jahrhunderts entstanden, ein umfangreiches Forschungsgebiet für die Kunstgeschichte.

Im Jahre 1895 gab Julius von Schlosser einen ersten wichtigen Hinweis auf die Existenz der *Tacuina*. Die illuminierte Handschrift, die er in der Österreichischen Nationalbibliothek gefunden hatte, trug den Titel *Tacuinum sanitatis in medicina*. Bereits im Jahre 1896 stellte Leopold Delisle fest, daß sich in der Bibliothèque Nationale in Paris eine ähnliche Bildfassung des *Tacuinum* befand. Und schließlich entdeckte wenige Jahre darauf, 1905, G. Fogolari einen dritten, den beiden anderen Werken nahestehenden Codex in der Sammlung der Bibliotheca Casanatense in Rom. Diesen drei einander sehr ähnlichen illuminierten Handschriften wurden inzwischen zwei weitere, die *Tacuina* von Lüttich und Rouen, zugeordnet. Von der Existenz der Lütticher Handschrift berichteten bisher nur kurze Notizen in Ausstellungskatalogen; im Katalog der Universitätsbibliothek von Lüttich wird es 1875 als «manuscript curieux» erwähnt. Der Codex der Bibliothèque Municipale von Rouen, der schon im Jahre 1888 im Handschriftenkatalog aufgezeichnet worden war, wurde erst im Jahre 1950 von Wickersheimer mit den anderen Bildhandschriften des *Tacuinum sanitatis* in Verbindung gebracht.

Diese Codices sind ein Zeugnis für die vielfältigen Strömungen, die in der Miniaturenmalerei Oberitaliens zusammenflossen; sie sind alle innerhalb weniger Jahrzehnte entstanden, man kann sogar sagen, innerhalb von zwei Dekaden um das Ende des Trecento, schließt man die später entstandene Fassung aus Rouen nicht mit ein.

Was den Ursprung der Texte dieser *Tacuina* anbelangt, so gehen sie mit Sicherheit auf die Traditionen arabischer Heilkunde zurück. Die wenigsten der überaus zahlreich überlieferten arabischen Handschriften enthalten Abbildungen, was nur zu einem Teil auf die Bilderfeindlichkeit des Islam zurückgeführt werden kann. Immerhin dürfen wir annehmen, daß nicht nur die Texte, sondern auch die bildlichen Darstellungen der lateinischen Handschriften eng an arabische Vorbilder angelehnt sind. So enthält eine Handschrift der Bibliothek von Alexandria, die Farès auf die Mitte des 14. Jahrhunderts datiert, 270 Miniaturen mit botanischen Motiven, und die vom Autor in einem Vorspruch ausgedrückte Absicht unterscheidet sich nicht wesentlich von der, die den Autor des *Tacuinums* leitete: «Nach den Tieren führe ich Pflanzen und Mineralien auf, wie erfahrene Ärzte sie beschrieben haben. Ich stütze mich auf ihre Ratschläge, die sich nach der den Substanzen eigenen Nützlichkeit oder Schädlichkeit richten, soweit es mir möglich war, die Quellen zu erforschen und zu prüfen. Beim Zusammenstellen der Sammlung war mir die Abhandlung des Botanikers Abu Mohammed 'Abd-Allah ibn Ahmad, unter dem Namen Ibn al Baytar, geboren in Malaga, von großem Nutzen».

Die Darstellungen der Objekte in den Tacuina verraten eine geschlossene Überlieferung und lassen sich bei allen stilistischen Ausformungen und bei aller Bevorzugung einzelner Gegenstände durch den jeweiligen Illustrator auf die sechs Lebensbereiche zurückführen, die bereits in der griechischen Heilkunde angeklungen waren und die in der arabischen Tradition immer

strenger kanonisiert worden sind. Diese sechs Punkte beziehen sich in allen Fassungen des Werkes auf die Umwelt und die Klimata, auf Jahreszeiten und Witterungsverhältnisse, auf den allgemeinen Lebens- und Wohnraum, auf die Kleidung und die Eßgewohnheiten (wobei Darstellungen von Gemüsen und Früchten, anderen Lebensmitteln und Gerichten den größten Raum einnehmen), auf Trinksitten oder körperliche Übungen, und auf den Umgang mit den menschlichen Leidenschaften.
Auch die den einzelnen Handschriften vorgesetzten Namen der Gewährsleute (s. S. 98 und 114) weisen auf die Autoritäten des griechisch-arabisch-jüdischen Kulturkreises hin. Die illuminierten *Tacuina* entstanden in einer Zeit, in der dem höfischen Leben der Wunsch nach einem Kompendium der Lebensführung wach wurde, das auch dem künstlerischen Geschmack des höfischen Zeitalters Genüge tat. Hier setzt das Interesse des Kunsthistorikers ein; trotz einer Fülle von Literatur sind jedoch zahllose Fragen über die Zuordnung und Datierung einzelner *Tacuina* noch ungelöst geblieben.
Bei einer Untersuchung der Miniaturen, mit denen die verschiedenen Kurzfassungen des *Tacuinum sanitatis* geschmückt wurden, fallen vor allem lombardische und veronesische Stilelemente ins Auge. In der Lombardei waren in den letzten zwanzig Jahren des 14. Jahrhunderts die Höfe der Visconti und der della Scala blühende Zentren der Künste. Man denke an die Werkstätten des Mailänder Doms und der Certosa di Pavia, die von Gian Galeazzo Visconti eingerichtet wurden, und an die Veronesische Kunst, die von den Scaliger-Grabmälern des Cangrande (gestorben 1329) und des Mastino II (gestorben 1351) «den blühenden Weg eröffnet, der von Altichiero über den herrlichen Stefano zum größten Minnesänger der höfischen Kultur, Pisanello, führt» (Fiocco). Beide Höfe hatten einen internationalen Charakter, und nicht zufällig unterstützten der Mailänder Giovanni Alcherio und der Veroneser Pietro Raponda den Austausch zwischen den Höfen Italiens und dem des Duc de Berry. Während die Beziehungen der Lombardei zu Frankreich schon zu Beginn unseres Jahrhunderts in Darrieus Arbeiten behandelt wurden, haben auf die Verwandtschaft der lombardischen mit den böhmischen Schulen Toesca und Arslan nur am Rande hingewiesen. Kürzlich jedoch wurde von Rasmo der Freskenzyklus der Torre dell'Aquila in Trient einem böhmischen Meister zugeschrieben; zwischen diesen Fresken und dem Wiener *Tacuinum* besteht ein Zusammenhang, der später noch erläutert wird. Giovannino de'Grassi, einer der bedeutendsten Vertreter der lombardischen Kunst, wurde aller Wahrscheinlichkeit nach in Böhmen ausgebildet. Er ist es, der das Wiener und vermutlich auch das Lütticher *Tacuinum* gestaltet hat, und sein Einfluß läßt sich auch in den anderen *Tacuina* spüren, die vielleicht von seinen Schülern, oder zumindest von Künstlern, die seinem Stil verpflichtet waren, in Oberitalien geschaffen wurden.
Nach einer grundlegenden Revision früherer Interpretationen durch die Ausstellung *Arte Lombarda dai Visconti agli Sforza,* die 1958 in Mailand zu sehen war, hat Arslan geschrieben, daß er «die Tendenz, die Miniaturen der einzelnen Handschriften immer nur einem Künstler zuzuschreiben, aufgeben, und stattdessen jeden Codex als in einem der scriptoria entstandenes Werk betrachten müsse, in denen fast immer mehrere Künstler zusammen mit einem oder mehreren Meistern arbeiteten». Die mittelalterlichen scriptoria hatten eine weitreichende Wirkung; Huizinga schreibt, daß die Kenntnis der in ihnen entstandenen illuminierten Handschriften eine unerläßliche Grundlage zum Verständnis der Epoche seien; nach Porcher sind sie «ein Museum, reicher als jedes andere, dessen Bilder Tausende zählen, Zeugen des Lebens in all seinen Erscheinungsformen ...».
Die Meister der Miniaturen in den *Tacuina* zu Ende des 14. Jahrhunderts gaben mit ihrer gemeinsamen Arbeit in Werkstätten und scriptoria vielleicht ein letztes eindrucksvolles

Beispiel einer in aller Vielfalt einheitlichen oberitalienischen Kunst zu Ende des 14. Jahrhunderts, bevor der Wendepunkt des Humanismus die abendländische Kultur durch die Betonung des Individuellen im künstlerischen Schaffen zu prägen begann.

Dognée bezeichnete den Meister der Illustrationen im *Lütticher Tacuinum,* das hier zum ersten Mal veröffentlicht wird, in einem Artikel aus dem Jahre 1812, als «dessinateur de grand talent» und vermutete, das Werk sei spanischer Herkunft. Giovannino de'Grassi, dem die künstlerische Gestaltung erst viel später zugeschrieben wurde, begann die Arbeit an diesem Werk aller Wahrscheinlichkeit nach im Jahre 1380, und die Ausführung durch seine Schüler nahm einige Jahre in Anspruch. Giovanninos eigene Arbeit, vor allem an den ersten Tafeln des Lütticher *Tacuinum,* zeichnet sich aus durch die Anwendung einer ganz neuartigen Technik: es handelt sich um eine Handschrift mit Zeichnungen anstelle eigentlicher Miniaturen, und diese Zeichnungen wirken nicht wie Skizzen, die noch vollendet werden sollten, sondern wie eigenständige Werke. Auch in Kolorierung und kalligraphischer Gestaltung der Blätter zeigt sich in diesem Buch eine einzigartige Meisterschaft.
Die Reihenfolge der dargestellten Objekte weist eine gewisse Folgerichtigkeit auf, die in den Tacuina aus Paris, Wien und Rom erhalten bleibt. Die Tafeln zeigen der Reihe nach Nahrungsmittel und Getränke, Küchengerichte und die verschiedensten Lebensumstände sowie mannigfache Gemütsbewegungen vom Ärger bis zur Freude, sportliche Betätigungen und Vergnügungen. Man erhält durch diese Darstellungen ein vielfältiges Bild vom Leben der Menschen im späten Mittelalter, von den Bedingungen, denen sie durch den Wechsel der Jahreszeiten unterworfen waren ebenso wie von der Vielfalt der Orte und Räume, in denen sich ein kultivierter Alltag abspielte. Auch die Illustratoren haben sich offensichtlich an den traditionellen Topos von den «sex res non naturales» gehalten, der in Titeln und Texten aller Versionen des Tacuinums eindeutig zum Ausdruck kommt.
Betrachten wir ein paar Beispiele dieser Illustrationen:
Die erste Tafel des *Lütticher Tacuinums* (wie auch der anderen *Tacuina)* stellt den Autor des Werkes dar, auf einem Katheder sitzend (S.98). Das aufgeschlagene Buch, das er in der Hand hält, trägt die Inschrift: «Albullasem de baldac, filius habdi medici composuit hunc librum» (Albullasum von Baldac, Sohn des Arztes Habdi, hat dieses Buch verfaßt). Von ikonographischen Standpunkt aus betrachtet ist dies eine typische Darstellung des späten 14. Jahrhunderts, die an Fresken und Miniaturen von Tommaso di Modena bis Altichiero erinnert. Die Zeichnungen sind für die lombardische Schule typisch, sie sind genau in der Wiedergabe der Einzelheiten und offensichtlich dem von Giovanni di Milano geprägten Stil verpflichtet.
Tafel 2, die Darstellung eines Feigenbaums, in den ein Knabe geklettert ist, um die Früchte zu pflücken, kann man mit fol.69v der berühmten Handschrift *De naturis auri argenti et herbarum* von Manfredus de Monte Imperiali vergleichen. Vermutlich hat Giovannino de' Grassi dieses Werk, das der Biblioteca Viscontea in Pavia gehörte, gekannt. Die Tafeln 1 v bis 9 v sind mit großer Wahrscheinlichkeit Giovannino zuzuschreiben; die übrigen Darstellungen weisen den typischen Charakter seiner Schule auf, jedoch sind die figürlichen Darstellungen in ihnen nicht von der gleichen meisterhaften Eleganz wie die der ersten Blätter, die durchaus einem Vergleich mit Giovanninos berühmtem Skizzenbuch von Bergamo standhalten. Der gleiche, fließende Strich, die detaillierte Darstellung der Ornamente in den Gewändern, die minutiöse Aufmerksamkeit für die Einzelheiten der weiblichen Haartrachten, und vor allem die typisch gotisch-stilisierende Art, in der die Faltenwürfe der Gewänder und die Schuhe gezeichnet sind, weisen auf die Hand eines bedeutenden Meisters

hin. Die Darstellung der Trauben auf Folio 2 v zeigt die Gabe des Künstlers, die Beziehung zwischen Mensch und Natur in lebendigem Realismus darzustellen, wie das in der Spätgotik selten zu finden ist. Im Pariser *Tacuinum* ist dieser Darstellung eine gewisse Starrheit zu eigen; lebendiger und schöner ist die entsprechende Tafel im Wiener Codex, obleich dort die weibliche Figur nicht die geschmeidige Eleganz hat, die Giovannino seinen berühmten Frauendarstellungen gibt. Die Miniatur zum gleichen Thema in der Casanatenser Handschrift ist mit stilistischer Feinheit gezeichnet, jedoch wagte sich der Künstler offensichtlich noch nicht an die Darstellung der menschlichen Gestalt. Von dieser Tafel wurde sicher die entsprechende Miniatur der Tacuinums von Rouen beeinflußt, die später ausgeführt wurde und bereits eine gewisse Manieriertheit in der Darstellung zeigt.
Besonders lebendig zeigt sich die Form des spätmittelalterlichen Alltagslebens in den Tafeln, die die Zubereitung der Mahlzeiten darstellen, wie beispielsweise auf Abb. 50, wo man sieht, wie ein typisch lombardischen Gericht, die Buseca, die man noch heute in der Gegend von Mailand ißt, gekocht wird. Die Darstellungen von Pflaumen und Birnen, süßen und sauren Granatäpfeln, Quitten, Aprikosen, Blaubeeren, Mispeln, Kirschen und süßen Mandeln werden von Giovannino und seinen Schülern als Vorwand für die Darstellung köstlicher ländlicher Szenen verwendet, in denen Natürlichkeit mit höfischem Lebensstil auf einzigartige Weise verschmolzen sind. Von Folio 10 an werden architektonische Darstellungen häufig. Zuweilen tauchen im Hintergrund der Zeichnungen phantastische Schlösser auf den Gipfeln schroffer Felsen und Berge auf, wie auf den Tafeln «tartufullus/Trüffeln» (Abb.21) und «feniculus/Fenchel» (Abb.22), «faxiolli/Bohnen» (Abb.24), «millium/Hirse» (Abb.28), ebenso auf Abb.49, «carnes leporine/Hasenfleisch», 51, «grues/Kraniche», 52, «qualie/Wachteln», und dem Motiv «aqua fontium/Quellwasser» (Abb. 73); noch überraschender jedoch auf den Tafeln «regio orientalis/östliche Gegend» (Abb. 90) und «regio occidentalis/westliche Gegend» (Abb. 91). Besonders lebendig sind auch die Darstellungen der Innenräume von Häusern und Läden. Auf Abb.25 sieht man eine Frau, die für eine im Bett ruhende Kranke Suppe in einem Topf über dem Feuer kocht, auf Abb.30, 32 und 33 kann man sehen, wie Brot gebacken wird, das auf Abb.34 in großen Körben gewogen wird. Wir sehen, wie Butter und Käse zubereitet werden (Abb. 37, 38 und 39) und finden in all diesen Szenen ein eindrucksvolles Zeugnis dafür, wie die Menschen vor hunderten von Jahren ihre Speisen zubereitet haben. Abb.63 und 64 sind den Motiven «Zucker» und «Honig» gewidmet, und besonders die Darstellung des Zuckers, die wir hier sehen, findet in den anderen *Tacuina* keine Entsprechung: in diesen werden einfache Läden dargestellt, während die Lütticher Zeichnung mit der Darstellung einer blumenbekränzten Gestalt, die vor dem Hintergrund anmutig-eleganter gotischer Architektur vollgehäufte Körbe trägt, von erstaunlicher graphischer Vollendung ist. Es folgt eine sehr schöne Darstellung des Rosen-Motivs (Abb.65), die Wiedergabe des Lebens in einer Schneiderwerkstatt (Abb.72) und eine Tanzszene (Abb.66), eine Liebesszene (Abb.68), Jagd- Reiter und Fechtszenen (Abb.69, 70 und 71) und die Darstellung eines Ritters, der in den Stadtmauern Schutz vor dem Regen sucht (Abb.74), bei der man an die Illustrationen der Ritterromane *Lancelot* und *Guiron* erinnert wird. Die Folge dieser gelungenen Zeichnungen gibt dem Betrachter ein abgerundetes Bild des Lebens in jenen Zeiten.
Besondere Aufmerksamkeit verdient Abb. 75, die Schnee und Eis in einer kahlen, menschenleeren Landschaft darstellt. Auch im Casanatenser *Theatrum Sanitatis* finden wir zum Thema «Schnee und Eis» die Darstellung eines von kahlen, schneebedeckten Felsen gesäumten Sees ohne einen Menschen (Abb.203), während im Wiener und im Pariser *Tacuinum* im Vordergrund eines Sees ein holzbeladener Esel, geführt von einem Bauern, das Bild belebt.

Otto Pächt schreibt über dieses Motiv:
«Ein Winterbild wie jenes, das «Nix et glacies» illustrieren soll, kann nur von einem Künstler geschaffen worden sein, dessen Auge durch die Schulung der westlichen Malerei gegangen ist, und der es dort gelernt hat, die besondere «äußere» Erscheinung der Dinge und namentlich auch ihren farbigen Aspekt intensivst zu beobachten und bildlich festzuhalten. In der neuen Optik zeichnet sich unserem Miniator die konventionelle Bildbühne der Trencentovorlage gleichsam automatisch in ein modernes Landschaftsbild um. In der Wiener Miniatur (Abb. 202) sind die Terrassen der sich über Grasland erhebenden Felsformation weiß angefärbt, um Schnee anzudeuten – was den Trecentisten aber nicht stört, allenthalben Gras und Blumen hervorsprießen zu lassen – und zugleich sind diese Felsterrassen in der Form eines künstlichen Felsengartens um ein Wasserbecken herumgeschichtet, dessen Spiegel Eis bedeuten soll. Das Ganze versatzstückartig an das am vorderen Bildrand dahintrabende Maultier herangeschoben und eigentlich nur inhaltlich miteinander verbunden: denn der Packesel, der Bündel Holzes zur Feuerstelle schleppt, ist ein weiteres Bildmotiv, das uns an die Winterkälte erinnern soll, dient also wie Schnee und Eis zur Charakterisierung der winterlichen Jahreszeit. Die Szenerie der Pariser Miniatur hingegen hat die Form eines einheitlichen Wirklichkeitsausschnittes, in dessen Hintergrund ein zugefrorener Teich sichtbar wird, während nah im Vordergrund ein Pfad das Schneefeld teilt. Das Maultier, das diesem Pfade folgt, wird damit selbst ein Stück der Landschaft, einer richtigen Schneelandschaft, bei deren Anblick wir beinahe etwas von der Kälte des Wintertages zu spüren glauben. Schneelandschaften sind in der Malerei des 15. Jahrhunderts noch recht selten, und in dem auf uns gekommene Denkmälerbestand gibt es nur zwei Darstellungen, die unserer Miniatur zeitlich vorangehen, beide Kalenderbilder, das Bild des Jänners in den Fresken des Adlerturms von Trient (vor 1407) und das des Februars in den «Très Riches Heures» (vor 1416)... Der Stoff an sich war von unerhörter Neuartigkeit, eine Art Anleitung zur Erforschung und zum Verständnis der Alltagswelt, deren künstlerische Behandlung bisher verpönt gewesen war und die plötzlich die Gemüter aufs lebhafteste zu interessieren begann».
Es folgen im *Lütticher Tacuinum* zwei Miniaturen, die dem Thema «Bad» gewidmet sind; auf der einen sind drei Gestalten in den Fluten eines von wilden Felsen gesäumten Sees zu sehen, die andere zeigt eine anmutige kleine Szene, auf der drei Personen im Inneren eines Hauses in ein Bad steigen (Abb. 76 und 77); beides sind sehr schöne, natürliche und bewegte Darstellungen. Die Tafel «aqua salsa/Salzwasser» (Abb. 78) stellt ein Schiff mit vollen Segeln auf den bewegten Wellen des Meeres dar, in dessen Flagge ein Kreuz sichtbar wird, das darauf hindeuten könnte, daß die Handschrift der Savoyer Familie gehört hat. Besonders eindrucksvoll sind die Darstellungen der Winde und der vier Gegenden, der nördlichen, südlichen, westlichen und östlichen, die eine Ahnung vom Weltbild jener Zeit vermitteln, in der die Unbewegtheit der Welt nur durch den Wandel des Klimas, den Wechsel der Jahreszeiten und die klimatischen Einflüsse belebt wurde.

Das *Pariser Tacuinum* ist offenbar in einem ganz anderen kulturellen Milieu entstanden. Bei der Betrachtung seiner Miniaturen haben wir Gelegenheit, jenen Ekklektizismus zu studieren, wie er für die Kunst der Lombardei seit dem frühen Mittelalter kennzeichnend war. Die Zuweisung dieser illuminierten Fassung des *Tacuinum* an Künstler aus dem Kreis um Giovannino de'Grassi ist in der Literatur seit Berti-Toesca angenommen worden. Die auffallendsten Akzente haben jene Illuminatoren gesetzt, die stark in spätgotischen Traditionen verwurzelt waren. Für die Datierung und Lokalisierung findet man einen Hinweis in einer Eintragung auf der Recto-Seite des Vorsatzblattes:

«Das puech ist gewest Ertzherzog Leopolt kayser Fridrichs Enne Hawsfraw Hertzog warnobe von Mailanndt Tochter» (Das Buch gehörte Erzherzog Leopolds, des Großvaters Kaiser Friedrichs, Hausfrau, der Tochter des Herzogs Barnabas von Mailand). Erzherzog Leopold III. heiratete 1365 die Tochter des Barnabas Visconti von Mailand, Viridis. Sie starb im Jahre 1405. Die Handschrift muß also zwischen 1365 und 1405 entstanden sein. Die tschechischen Eintragungen an einigen Stellen des Buches weisen darauf hin, daß es zeitweilig in Böhmen war. Eine Eintragung auf Folio 1 in arabischer Sprache bezeugt, daß das Buch von Smyrna «an diesen Ort» gebracht worden sei und daß seine Bedeutung in den Miniaturen liege. Die stark gotisierende Tendenz des Stils eines der Hauptmeister läßt eine Entstehungszeit um 1370/80 vermuten. Nach einem Vergleich zwischen den drei Handschriften, den erst die Mailänder Ausstellung *Arte Lombarda dai Visconti agli Sforza* von 1958 ermöglichte, läßt sich mit großer Sicherheit sagen, daß die Pariser Fassung vor der Wiener und jener der Biblioteca Casanatense entstanden ist. Vom bildlosen *Tacuinum* wurde ein sehr knapper Textauszug übernommen, teilweise auch die Anordnung der Objekte. Soweit der Text vorhanden ist, kommt der Name «*Tacuinum*» jedoch nicht vor. Es dürften aber einige Blätter verloren gegangen sein, wahrscheinlich am Ende des Buches, wo z. B. von den Jahreszeiten hier der Sommer fehlt. Vielleicht fehlt ebenso am Anfang ein Blatt mit dem Text der Einleitung.
Die erste Miniatur des Pariser *Tacuinums,* die wieder den Verfasser des Werkes, hier auf einem gotischen ziselierten Thron, zeigt, erinnert an Veroneser Fresken des 14. Jahrhunderts und ist vermutlich von einem Künstler geschaffen worden, der keine anderen Miniaturen des Buches mehr malte. Leitmotiv einer großen Zahl von Abbildungen sind die wiederkehrenden Gestalten einer Dame und eines Ritters; es scheint, als sei das Thema der Miniatur oft nur ein Vorwand für die Darstellung des in ein Gespräch vertieften Paares, dessen Kleidung und Gestik von fürstlicher Eleganz ist. Einige Miniaturen sind mit prächtige gotischen Details geschmückt (Abb.101, 143, 191, 213 und 224); in anderen dominieren realistische, mit geometrischer Strenge gezeichnete Landschafts-«Kulissen», deren feine Farbabstufung von subtiler Meisterschaft zeugen, wie z. B. die Abb. XXXVIII «sparagus/Spargel» und 209 «panicum/Kolbenhirse».
Die schönste Miniatur aber ist vielleicht die Darstellung «aqua ordei/Gerstenwasser» (Abb. 105), auf der, vor einem reichen gotischen Baldachinwerk, dessen Pracht zum sachlichen Thema in merkwürdigem Mißverhältnis steht, wieder das fürstliche Paar zu sehen ist; die Dame reicht dem Herrn graziös den Trank in einem zierlichen Gefäß.
Weiter gehören zu den eindrucksvollsten Bildern im Pariser *Tacuinum* die Miniaturen zum Thema «confabulator/Gesprächspartner» (Abb. 140) und «frumentum/Weizen» (Abb. 159); ebenso haben die Miniaturen «ordium/Gerste» (Abb. 204) und «rizon/Reis» (Abb. 222), wie Arslan schreibt, «eine expressionistische Aussagekraft», die man in keiner anderen illuminierten Handschrift der Lombardei findet.

Das *Tacuinum von Wien*, über das Julius von Schlosser im Jahre 1895 eine erste ausführliche Studie veröffentlichte, wird als «Hausbuch der Cerruti» bezeichnet, denn es wurde, wie aus dem Wappen auf Folio 3 ersichtlich, für die Veroneser Familie Cerruti geschaffen. Es gelangte dann in den Besitz des Bischofs von Trient, Georg von Liechtenstein (sein Wappen sieht man auf Folio 1 v), jenes Kirchenfürsten, in dessen Auftrag die Fresken in der Torre dell'Aquila in Trient ausgeführt wurden, in denen sich deutlich Elemente der Wiener wie auch der Pariser Miniaturen wiederfinden.
Zur kunstgeschichtlichen Charakterisierung des Wiener *Tacuinums* schreibt Julius von Schlosser:

«Die den Miniatoren gestellte Aufgabe war, das Leben und die Natur auch in kleinen Details getreu und erkennbar zu schildern. Sie haben sich dieser Aufgabe nicht ohne Geschick entledigt; man wird von ihnen billig nicht mehr erwarten, als sie innerhalb der Grenzen ihres bescheidenen Könnens leisteten. Die Pflanzen sind, soweit sie den Malern vor Augen standen, ziemlich gut beobachtet, ihre Blätter, Blüten, Früchte und der allgemeine Aspekt leidlich wiedergegeben; bei den orientalischen Pflanzen war der Maler natürlich auf seine Phantasie angewiesen.

Die Beschaffenheit der Handschrift bringt es mit sich, daß die Bilder fast durchwegs Genrescenen sind. Es ist von großer Bedeutung, daß die Miniatoren hier nicht etwa einen althergebrachten Schimmel benutzen konnten, sondern durchaus auf die Natur und das tägliche Leben als einzige Vorlage angewiesen waren. Die Erfindung und Komposition ist daher mit wenigen Ausnahmen durchaus ihr eigenes Verdienst. So haben sie auch, um den Darstellungen der Pflanzen die Eintönigkeit zu nehmen, diese mit oft trefflich erfundenen Genrefiguren staffiert: hier war in den hergebrachten Bildern von Liebespaaren etc. auf höfischem Gerät am ehesten ein Anhalt geboten, wie später bei den Jagdbildern. Trotzdem sind sie auch hier ganz selbständig.

Aus diesen Umständen und aus dem naturalistischen Zuge der altveronesischen Schule überhaupt erklärt es sich, daß in diesen Genrescenen ein frischer, kecker Realismus bemerkbar wird. Es gilt dies vor allem von den Typen der einzelnen Figuren. Man betrachte nur die für die Schule von Verona so charakteristische Frau, die Weintrauben abschneidet (Abb. 235), den fetthackenden Fleischerknecht (Abb. 120 und 126), die Alte mit dem Rocken im Spinatgarten oder die Figuren der Bauern und Popolani mit ihren ärmlichen, zerrissenen und geflickten Gewändern. Über manchen Darstellungen liegt ein Hauch von Buffonerie, selbst Humor; man sehe den alten Kerzenkrämer, den feisten Schweineschlächter, die Scene mit den bösen Folgen des Zechgelages, das sich wärmende Mädchen im «Hiemps» (Abb. XVII) oder den rüpelhaften Liebhaber in «Melongiana». Trotz der orientalischen Grundlage ist das in den Bildern geschilderte Leben durchaus italienisch, wie es sich mit aller Natürlichkeit und Zwanglosigkeit, allen Blicken offen, unter freiem Himmel, in milder Luft abspielt. Italienisch sind die von Baum zu Baum gezogenen Rebengirlanden (s. a. Abb. XLIII), das Braten der Kastanien, die Knaben, die wie zu Horazens Zeit auf dem Rohr Steckenpferd reiten (Sat. II, 3, 248: equitare in arundine longa), die Frauen mit Rocken und Spindel, das Kochen am offenen Herde, die Bereitung der Maccaroni, die Buden und Kaufläden, die emsigen Verkäufer, Straßenfiguren wie der Rübenhändler, die beladenen Esel, das Handeln, Feilschen und Gesticulieren.

Auch die Tiere, besonders Pferde, Esel und namentlich Hunde sind in ihrer Eigenart sehr oft gut beobachtet. Die Tierdarstellung gehört ja zu den Ruhmestiteln der oberitalienischen Kunst. Daß die Landschaft noch unentwickelt ist, die Perspective kindlich, ist natürlich; der hohe Horizont, den hier zum Beispiel die Jagdbilder haben, macht sich ja noch in frühen Schöpfungen der Renaissanze bemerkbar, auf Medaillen Pisanellos oder etwa auf einzelnen Tafelbildern Fra Filippo's.

Man sieht, daß über dem Bilderbuch der Cerruti Novellenstimmung liegt, aber nicht die des höfischen Decamerone, sondern eher jene, die den Erzählungen des Sacchetti mit ihrem bürgerlichen, etwas philisterhaften Milieu eigen ist, wie dann das Hinabsteigen in diese Kreise überhaupt charakteristisch für die zweite Hälfte des Trecento ist».

Für die Ausführung des Wiener Codex hat, wie erwähnt, vermutlich das Pariser *Tacuinum* als Vorbild gedient. Jedoch steht nur etwa der vierte Teil der Miniaturen ikonographisch mit dem Pariser Vorbild in Beziehung. Unterkircher schreibt dazu: «... außerdem ist die dargestellte Umwelt in V (Tacuinum von Wien) eine andere als in P (Pariser Tacuinum), dessen Stimmung eher «die des höfischen Dekamerone» ist, während in V die vornehmen Personen kaum dem Hof- und Hochadel angehören, sondern eher dem gebildeten Bürgerstand. Es ist als sicher anzunehmen, daß der Auftraggeber von V vorher P gesehen hat und daß der Meister, der seinen Auftrag ausführen sollte, die Handschrift als Muster hinstellte. Es war das Verdienst dieses Meisters, daß er seine künstlerische Vorlage nicht einfach kopierte, sondern daß er sich seine unmittelbaren Vorbilder selbst von den Straßen und Läden, von Feld und Garten holte. Als Textvorlage hatte er wahrscheinlich ein bildloses Tacuinum, da sein Text umfangreicher ist als der von P... Wenn die Miniaturen auch nicht Werke der großen Kunst sind, so brauchte ihr Schöpfer doch eine tüchtige handwerkliche Schulung und eine scharfe Beobachtungsgabe. Die menschlichen Figuren in der italienischen Malerei des Trecento, die ihm bekannt sein konnten, gehörten fast durchwegs dem sakralen Bereich an, oder sie stellten Personen aus höfisch- ritterlichen Kreisen dar. Darstellungen von Menschen bei ihren alltäglichen Beschäftigungen kannte die bisherige Ikonographie höchstens aus Randszenen. Hier aber sollten gerade diese banalen, einer monumentalen Darstellung nicht würdigen Tätigkeiten das Hauptthema bilden». Ein Beispiel für die Unterschiede in den Darstellungen des gleichen Themas zwischen dem Pariser und dem Wiener *Tacuinum*, das wiederum dem *Tacuinum* der Libreria Casanatense in Rom als Vorbild diente, ist das Thema «napones/ Kohlrüben» (Abb. XXIII, 200 und 201). Wir finden in der Darstellung des Wiener Codex eine geringere figurative Dynamik, während im Pariser *Tacuinum* die lebhafte Bewegtheit der Figuren durch die geschwungene Linie der stilisierten Pflanze mit den typisch «gotischen» Blättern akzentuiert wird. Die Wiener Darstellunng ist statischer, der Hintergrund von fast geometrischer Regelmäßigkeit, die Dame wirkt weit weniger lebhaft, beinahe geistesabwesend, sie ist nur noch ein Schatten der Frauenbilder, mit denen de'Grassi die Blätter des Visconti-Stundenbuchs schmückt. Die männliche Figur bewegt sich mit dem gleichen schwerfälligen Schritt, wie wir es auf einer ähnlichen Darstellung (215) der *Historia plantarum* sehen können. Ähnliches ergibt ein Vergleich der beiden Tafeln «spelta/Winterweizen» (Abb. 228 und 229); in der Pariser Fassung sehen wir eine weit lebendigere kleine ländliche Szene, die durch die Integration des Reiters und seines Pferdes in die Bildbühne einen optisch geschlossenen Eindruck des Bildganzen vermittelt.

Die Szene, in der die Zubereitung von «ricotta» gezeigt wird, spielt sich im Pariser *Tacuinum* in einem aristokratischen Gebäude ab (Abb. XXXI), während man hier im Wiener *Tacuinum* einen Blick in das Innere einer bescheidenen Hütte tun kann (Abb. 221) – beide Darstellungen sind jedoch nicht so meisterhaft wie die Zeichnung im Lütticher Codex (Abb. 39), die demselben Motiv gewidmet ist.

Das Auge des Künstlers, der die Ausführung des Pariser *Tacuinums* geleitet hat, sah das Leben, wie es sich in der höfischen Umgebung gestaltete, und gab selbst der einfachsten Arbeit einen Hauch von Eleganz und Raffinement, während der Meister der Wiener Handschrift getreu das einfache Leben des Alltags darstellt, wenn auch in seinen Bildern immer wieder der Einfluß des höfischen Geistes zu spüren ist.

Noch schwieriger als bei den *Tacuina* von Paris und Wien ist das Problem einer genauen Datierung des *Theatrum Sanitatis* der Bibliotheca Casanatense in Rom. Vergleicht man seine stilistischen Charakteristika jedoch mit denen des Wiener *Tacuinum,* dessen freie Replik es offensichtlich darstellt, läßt sich eine Vollendung der Illuminierung gegen Ende des Trecento vermuten. Es ist anzunehmen, daß verschiedene Künstler aus der Werkstatt Giovannino de'Grassis an seiner Entstehung beteiligt waren, derselben Werkstatt, aus der auch die

Historia Plantarum der Libreria Casanatense stammt. Zwischen diesen beiden Werken lassen sich offensichtliche ikonographische Konvergenzen feststellen. Jedoch entdeckt man in den Miniaturen des *Theatrum* zuweilen nur noch einen Abglanz der meisterhaften Hand Giovanninos.
Die architektonischen Kulissen, die die Eigenart der Miniaturen im Pariser *Tacuinum* ausmachen, fehlen hier fast völlig. Die Lebendigkeit in der Darstellung häuslicher und ländlicher Szenen des Wiener Codex weicht einer schlichteren, abstrakteren, ruhig beschaulichen Art der Darstellung. Ein Beispiel hierfür ist die Miniatur zum Thema «ira/Zorn» (Abb. 176), die zwar deutlich an die Wiener Miniatur angelehnt ist (Abb. 175), jedoch durch das Fehlen des Naturhintergrunds fast emblematischen Charakter bekommt. Weit entfernt ist die Darstellung von der eindrucksvollen Zeichnung des Lütticher *Tacuinums*, auf der eine Frau mit verzerrtem Gesicht sich den Ausschnitt ihres Kleides im Zorn zerreißt (Abb. 67).
Personendarstellungen sind im Casanatenser *Tacuinum* selten. Seine Miniaturen betonen den botanischen Aspekt der Motive mit naturgetreuen Pflanzendarstellungen, es scheint sich eine Art intellektualisierter Definition der Umwelt durchzusetzen. Selbst dort, wo die menschliche Gestalt das Bild belebt, wie auf den Abbildungen VII, «ceresa accetosa/Sauerkirschen» und XIII «feniculus/Fenchel», wird eine Tendenz zur graphischen Vereinfachung deutlich, vergleicht man sie mit den entsprechenden Tafeln in den Tacuina von Wien (Abb. 137 und 157) und Paris (Abb. 136 und 156). Jedoch finden sich auch im Casanatenser *Theatrum* sehr eindrucksvolle farbige Darstellungen, die gerade in ihrer vergleichsweise abstrakten Auffassung besonders reizvoll sind, wie die Tafel «furmentum/Weizen» (Abb. XIV) oder «salvia/Salbei» (Abb. XXXVI), eine im Vergleich zu den entsprechenden Darstellungen in den anderen *Tacuina* (Wien: Abb. 225, Paris: Abb. 224, Lüttich: Abb. 19) sehr eigenwillige und neuartige Gestaltung des Themas. Besonders ausgewogen in der Komposition und harmonisch in der Farbgebung ist das Rosenmotiv (Abb. XXXIV) im Casanatenser *Tacuinum,* das sich ebenfalls deutlich von den «Rosen»-Miniaturen der anderen Tacuina unterscheidet und besonders schön auch in der Gegenüberstellung mit der Tafel «salvia/Salbei» (XXXVI) wirkt, die im Original daneben steht. Beide Tafeln stammen von derselben Hand; zwei kompositorische Auffassungen, Symmetrie und Asymmetrie, sind einander hier eindrucksvoll gegenübergestellt. Deutliche Entsprechungen mit dem *Wiener Tacuinum* finden sich auch in den Monatsdarstellungen der Casanatenser Version (s. Abb. XII und 153, XVII und 171).
Der Text des *Theatrum* ist vermutlich eine gekürzte Fassung des Wiener *Tacuinums,* ihm ist ebenfalls eine Vorrede vorangestellt, die in den *Tacuina* von Lüttich und Paris fehlt. Jedoch hat der Textautor nicht einfach den Text eines bildlosen *Tacuinum* abgeschrieben und auch nicht die Bezeichnung *«Tacuinum»* übernommen, die gar nicht mehr zutraf, da das neue Werk ja kein solches «Tafelwerk» mehr war. Er nannte seine Fassung sehr sinnvoll *Theatrum Sanitatis,* eine «Schaubühne» also all dessen, was in der spätmittelalterlichen Auffassung zur Erhaltung der Gesundheit vonnöten war.

Das *Tacuinum von Rouen,* das späteste unserer fünf *Tacuina*, weist eine gewisse ikonographische Ähnlichkeit mit der Casanatenser Fassung auf. Wickersheimer schätzte seine Entstehungszeit vage auf das 15. Jahrhundert; Renata Cipriani schreibt, es handle sich bei dieser Bildfassung des *Tacuinums* um «eine raffinierte Imitation der Tacuina vom Ende des Trecento» und weist auch auf die für die Frührenaissance typische kalligraphische Gestaltung des Buches hin.
Man ist beim Betrachten der ersten Miniatur, die sich von denen in den anderen *Tacuina* deutlich abhebt, versucht, sie einem Miniator der toscanischen Schule zuzuschreiben. Die

beiden dargestellten männlichen Gestalten, ihre schlichte Kleidung, erinnern an Figuren auf florentinischen Fresken des 15. Jahrhunderts, in denen die deskriptive Liebe zum Detail der lombardischen Meister fehlt. Beim Durchblättern dieses Werkes fällt der Hang des Künstlers zu einer etwas stilisierten Art der Darstellung auf, die angedeuteten «Kulissen» wirken manchmal fast schematisch (vgl. Abb. 223 «panis rizon/Reisbrot»).
Eine weitere Miniatur, die auf einen toscanischen Künstler hinzuweisen scheint, ist Folio 36 v, auf der man zwei Menschen in einem Garten sieht, die Hühnerfleisch essen. Zwei Bäumchen ragen jenseits der Mauer auf, die einen Garten umschließt; sie sind in typisch florentinischer Manier gezeichnet und lassen einen an die Fresken Baldovinettis in San Miniato denken. Es ist auffällig, daß die Darstellungen des *Tacuinums* von Rouen, in denen die für die «Padani», die Künstler der Poebene, untypischen Elemente überwiegen, keine Entsprechungen im Casanatenser *Theatrum Sanitatis* finden. Darüber hinaus kommen die Miniaturen «alae et colla» (fol. 36 v), «portulaca et citareia» (fol. 26) und «trifolium» (fol. 84 v) in keinem der anderen Tacuina vor. Typisch für die Darstellungsweise dieser Bildfassung des *Tacuinums* ist die Tafel «lactuce/Kopfsalat» (Abb. XVIII), bei der die Stilisierung des Blattwerks auffällt. Die beiden biegsamen Bäumchen im Hintergrund geben der gedämpft kolorierten Darstellung ihr symmetrisches Gleichgewicht, das die graphische Intellektualisierung des Motivs betont. Die weibliche Gestalt wirkt in ihrer stilisierten Bewegung wie ein rein dekoratives Element im Bild.
Die geometrische Raumkonzeption dieser und weiterer Miniaturen weist Stilelemente der toscanischen Kunst auf. Ganz anders sehen Gärten in der Veroneser Gegend aus; man denke nur an die Werke Stefano di Zevios, an die typisch lombardischen Miniaturen um 1480 oder auch an rheinische Meister jener Zeit (Vgl. die Abb. IV «blete/Amaranth» oder V «castanee/Kastanien», an Abb. VI «caules onati/Kohl», Abb. VIII «cetrona id est narancia/Pomeranzen», XV «glandes/Eicheln», XVI «granata acetosa/Saure Granatäpfel» oder XXI «melones indi et palestini/Melonen aus Indien oder Palästina»).
Die Frage nach der Herkunft dieses *Tacuinum,* sei es die Poebene, die Toscana oder eine andere Lokalschule, ist also angesichts des ständigen Austauschs der Künstler zwischen den verschiedenen Werkstätten, der im 14. und noch im 15. Jahrhundert gang und gäbe war, schwierig. Rasmo schreibt zu diesem Problem: «Die Maler und Miniatoren, die im Auftrag größerer und kleinerer Feudalherren arbeiteten, bildeten eine besondere Gilde von Spezialisten, die im allgemeinen von den immer mächtiger werdenden Handwerksgilden der Stadt frei waren, da man sie als Mitglieder der höfischen Gesellschaft betrachtete oder da sie von Hof zu Hof reisten im Dienst verschiedener adliger Auftraggeber und so befreit waren von den Normen städtischen Lebens».
Diese Situation war es, die die Verbreitung der *Tacuina* in einem bestimmten Augenblick der Kunstgeschichte und die nahe Verwandtschaft dieser Bildfassungen eines traditionsreichen Textes bedingte.
Das schmale *Tacuinum* von Rouen, das, verglichen mit seinen Vorläufern, vielleicht von geringerem künstlerischen Wert ist, stellt noch einmal die vertrauten, überlieferten Motive dar; an der künstlerischen Auffassung, die aus den Miniaturen dieses und der anderen *Tacuina Sanitatis* spricht, wird die Wandlung deutlich, die die Buchmalerei im Übergang von ihrer Blütezeit, der Gotik, zur Frührenaissance erlebte.

FARBTAFELN

Die Übersetzung muß die Terminologie der mittelalterlichen Medizin beibehalten und ist daher für das moderne medizinische Denken manchmal schwer verständlich. Manche Stellen wurden in der Transkription durch Punkte ersetzt; es handelte sich dabei entweder um Stellen im lateinischen Text, die mit der Zeit unleserlich geworden waren und auch nicht durch Vergleiche mit dem Wortlaut anderer Tacuina ergänzt werden konnten, oder um halb arabische, halb mittel- und spätlateinische Ausdrücke, die unübersetzbar sind.
Die Farbtafeln erscheinen in alphabetischer Reihenfolge der lateinischen Namen. Im Schwarzweiß-Abbildungsteil wurde dem bisher unpublizierten Lütticher Tacuinum der größte Raum gegeben, die Tafeln und ihre Texte erscheinen in der Reihenfolge des Originals, während für die darauf folgenden Auszüge aus den anderen Tacuina wieder die alphabetische Folge gewählt wurde.
Dr. Marina Righetti betreute die Transkription und Übersetzung der Tafeltexte und erstellte die Konkordanz.

I. ANETI · DILLKRAUT

Dillkraut: warme und trockene Komplexion am Ende des zweiten und zu Beginn des dritten Grades. *Vorzuziehen* ist grünes, frisches und zartes. *Nutzen:* es ist zuträglich für einen kalten und windigen Magen. *Schaden:* es schadet den Nieren und seine Substanz verursacht im Magen Übelkeit. *Verhütung des Schadens:* mit Lemonellen. *Was es erzeugt:* mäßig viel Nährstoffe. Zuträglich für Menschen mit kalter und feuchter Komplexion, für Greise, im Winter und in kalten Gegenden. (Wien, fol.32)

II. AQUA CALIDA · WARMES WASSER

Warmes Wasser: kalte und feuchte Komplexion im zweiten Grad. *Vorzuziehen* ist lauwarmes und süßes. *Nutzen:* es reinigt den Magen. *Schaden:* es laxiert die Verdauung. *Verhütung des Schadens:* durch Mischen mit Rosenwasser. *Was es erzeugt:* feuchte Blähungen. Es empfiehlt sich für Menschen mit kalter Komplexion, für Geschwächte, im Winter und in kalten Gegenden. (Wien, fol.89)

III. AUTUMPNUS · HERBST

Herbst: gemäßigt kalte Beschaffenheit im zweiten Grad. *Vorzuziehen* ist seine mittlere Periode. *Nutzen:* es ist gut, wenn er zu den Gegensätzen oder zu Kälte und Feuchtigkeit, langsam vorschreitet. *Schaden:* für Schwindsucht anfälligen Menschen mit gemäßigter Komplexion schadet er. *Verhütung des Schadens:* mit befeuchtenden Stoffen und Bädern. *Was er vermehrt:* melancholische Säfte. Er ist Zuträglich für Menschen mit warmer und feuchter Komplexion, für Jugendliche und Heranwachsende, in warmen und feuchten oder gemäßigten Gegenden. (Wien, fol.54v)

IV. BLETE · AMARANTH

Amaranth (Spinatart): warme und trockene Komplexion im ersten Grad. *Vorzuziehen:* solcher der süßen Geschmack hat. Sein Saft nimmt Kopfschmerzen weg. *Schaden:* er verbrennt das Blut. *Verhütung des Schadens:* mit Essig und Senf. (Rouen, fol.24v)

V. CASTANEE · KASTANIEN

Beschaffenheit: warm im ersten Grad, trocken im zweiten Grad. *Vorzuziehen* sind reife Maroni aus Brianza. *Nutzen:* sie verstärken die geschlechtliche Potenz und sind sehr nahrhaft. *Schaden:* sie blähen und machen Kopfschmerzen. *Verhütung des Schadens:* durch Kochen in Wasser. (Rouen, fol.31)

VI. CAULES ONATI · KOHL

Beschaffenheit: warm im ersten Grad und trocken im zweiten Grad. *Vorzuziehen* ist frischer, der zu Zitronenfarbe neigt. *Nutzen:* er löst Verstopfungen. *Schaden:* schlecht für die Eingeweide. *Verhütung des Schadens:* mit viel Öl. (Rouen, fol.20)

VII. CERESA ACETOSA · SAUERKIRSCHEN

Beschaffenheit: kalt zu Ende des ersten Grades, feucht im ersten Grad. *Vorzuziehen* sind fleischige Früchte mit dünner Haut. *Nutzen:* sie sind für einen phlegmatischen Magen voller Überflüssigkeiten gut. *Schaden:* . . . sie steigen langsam aus dem Magen nieder. *Verhütung des Schadens:* indem man sie auf leeren Magen ißt. (Casanatense, fol.XVII)

VIII. CETRONA id est NARANCIA · POMERANZEN

Beschaffenheit: ihr Fruchtfleisch ist kalt und feucht im dritten Grad; ihre Haut trocken und warm im zweiten Grad. *Vorzuziehen* sind ganz reife. *Nutzen:* ihre kandierten Schalen stärken den Magen. *Schaden:* sie sind schwer verdaulich. *Verhütung des Schadens:* mit dem besten Wein. (Rouen, fol.34v.)

IX.COYTUS · KOITUS

Beschaffenheit: er besteht in der Vereinigung von zwei Menschen zur Einführung des Sperma. *Vorzuziehen* ist jener, der dauert, bis der Spermafluß völlig erschöpft ist. *Nutzen:* er erhält die Spezies. *Schaden:* er ist schlecht für jene mit kaltem und trockenem Atem. *Verhütung des Schadens:* mit Nahrungsmitteln, die Samen hervorbringen. (Paris, fol.100v)

Cucumeres
⁊ citruli.

XI. CUCURBITE · KÜRBISSE

Kürbisse: kalte und feuchte Beschaffenheit im zweiten Grad. *Vorzuziehen* die frischen und grünen. *Nutzen:* sie löschen den Durst. *Schaden:* sie laxieren schnell. *Verhütung des Schadens:* mit Salzwasser und Senf. *Was sie erzeugen:* mäßigen und kalten Nährstoff. Sie sind zuträglich für Choleriker, junge Menschen, im Sommer in allen Gegenden, vor allem aber in südlichen. (Wien, fol.22v)

X CUCUMERES ET CETRULI · GURKEN

Nach Johannes: kalte und feuchte Beschaffenheit im zweiten Grad. *Vorzuziehen* sind dicke und vollständige. *Nutzen:* gut gegen brennende Fieber und harntreibend. *Schaden:* sie verursachen Magen- und Lendenweh. *Verhütung des Schadens:* mit Honig und Öl- (Paris, fol.38v)

XII. ESTAS · SOMMER

Sommer: von warmer und feuchter Beschaffenheit im zweiten Grad. *Vorzuziehen* ist sein Anfang, der für den Körper am besten ist. *Nutzen:* er löst Überflüssigkeiten. *Schaden:* er schwächt die Verdauung und vermehrt Gallenbeschwerden. *Verhütung des Schadens:* mit feuchter Ernährung in kühler Umgebung. *Was er erzeugt:* er vermehrt die galligen und die trockenen Säfte. *Zuträglich* für Menschen mit kalter Komplexion, für Greise und in nördlichen Gegenden. (Wien, fol.54)

XIII. FENICULUS · FENCHEL

Beschaffenheit: warm und trocken im zweiten Grad. *Vorzuziehen* ist jener, der aus dem Hausgarten kommt. *Nutzen:* er ist gut für die Sehkraft und bei langanhaltendem Fieber. *Schaden:* er ist schlecht für den Menstruationsfluß. *Verhütung des Schadens:* mit Pillen aus Johannisbrot. (Casanatense, fol.LXXVI)

XIV. FURMENTUM · WEIZEN

Beschaffenheit: warm und feucht im zweiten Grad. *Vorzuziehen* ist fetter, gewichtiger. *Nutzen:* er öffnet Abszesse. *Schaden:* er verursacht Verstopfungen. *Verhütung des Schadens:* indem man ihn gut zubereitet. (Casanatense, fol.LXXXVIII)

XV. GLANDES · EICHELN

Beschaffenheit: kalt im zweiten, trocken im dritten Grad. *Vorzuziehen* die frischen, großen und vollständigen. *Nutzen:* sie stärken die zurückhaltenden Kräfte. *Schaden:* sie verhindern die Menstruation. *Verhütung des Schadens:* indem man sie geröstet und gezuckert ißt. (Rouen, fol.29)

XVI. GRANATA ACETOSA · SAURE GRANATÄPFEL

Beschaffenheit: kalt im zweiten, feucht im ersten Grad. *Vorzuziehen* sind jene von großer Wäßrigkeit. *Nutzen:* gut für eine warme Leber. *Schaden:* schlecht für Brust und Stimme. *Verhütung des Schadens:* mit honiggesüßten Speisen. (Rouen, fol. 4 v)

XVII. HYEMPS · WINTER

Winter: kalte Komplexion im dritten Grad, feuchte im zweiten, wenn er einen natürlichen Verlauf nimmt. *Vorzuziehen* ist sein Ende. *Nutzen:* gut bei Gallenerkrankungen und verdauungsstärkend. *Schaden:* er schadet bei phlegmatischen Krankheiten und verstärkt das Phlegma. *Verhütung des Schadens:* mit Feuer und Kleidung. Gut für warme und trockene Komplexionen, für junge Menschen, in südlichen und maritimen Gegenden. (Wien, fol.55)

XVIII. LACTUCE · KOPFSALAT

Beschaffenheit: kalt und feucht im zweiten Grad. *Vorzuziehen* ist großer, zu Zitronenfarbe neigender. *Nutzen:* er hilft gegen Schlaflosigkeit und Samenfluß. *Schaden:* mindert die geschlechtliche Potenz und die Sehkraft. *Verhütung des Schadens:* durch Mischen mit Sellerie. (Rouen, fol.10)

XIX. MAIORANA · MAJORAN

Majoran: warme und trockene Komplexion im dritten Grad. *Vorzuziehen:* kleinwüchsiger, gut duftender. *Nutzen:* hilft einem kalten und feuchten Magen. *Schaden:* keiner. *Was er erzeugt:* scharfes Blut. Gut für Menschen mit kalter und feuchter Komplexion, Greise, im Winter und Herbst und in kalten Gegenden. (Wien, fol.33v)

XX. FRUCTUS MANDRAGORE · ALRAUNFRÜCHTE

Alraunfrüchte: von kalter Komplexion im dritten Grad, von trockener im zweiten. *Vorzuziehen* sind große, duftende. *Nutzen:* ihr Duft hilft gegen warme Kopfschmerzen und Schlaflosigkeit, als Pflaster sind sie gut gegen Elefantiasis und schwärzliche Hautinfektionen. *Schaden:* sie betäuben die Sinne. *Verhütung des Schadens:* mit Efeufrüchten. Zuträglich für Menschen mit warmer Komplexion, Jugendliche im Sommer und in südlichen Gegenden. (Wien, fol.40)

XXI. MELONES INDI id est PALESTINI · MELONEN AUS INDIEN UND PALÄSTINA

Beschaffenheit: kalt und feucht im zweiten Grad. *Vorzuziehen* sind süße, wäßrige. *Nutzen:* gut gegen Krankheiten. *Schaden:* schlecht für die Verdauung. *Verhütung des Schadens:* mit Gerstenzucker. (Rouen. fol.19)

XXII. MILLET · HIRSE

Beschaffenheit: kalt und trocken im zweiten Grad. *Vorzuziehen* ist jene, die drei Monate auf dem Felde stand. *Nutzen:* gut für jene, die eine Abkühlung des Magens und Austrocknung überflüssiger Säfte wünschen. *Schaden:* nur wenig nahrhaft. *Verhütung des Schadens:* indem man sie zusammen mit sehr Nahrhaftem ißt. (Paris, fol.52v)

XXIII. NAPONES · KOHLRÜBEN

Beschaffenheit: warm im zweiten Grad, feucht im ersten. *Vorzuziehen* sind die langen und dunklen. *Nutzen:* sie vermehren das Sperma und verhindern Schwellungen des Körpers. *Schaden:* sie verursachen Venenverstopfungen. *Verhütung des Schadens:* indem man sie zweimal kocht und mit sehr fettem Fleisch ißt. (Paris, fol.43)

XXIV. OLEUM AMIGDOLARUM · MANDELÖL

Mandelöl: von gemäßigt warmer Komplexion im zweiten Grad, feucht im ersten. *Vorzuziehen* ist frisches, süßes. *Nutzen:* gut für Brust und Magen und gegen Husten. *Schaden:* es schadet schwachen Eingeweiden. *Verhütung des Schadens:* mit Mastix. *Was es erzeugt:* gemäßigte Säfte. Besonders zuträglich für Menschen mit gemäßigter Komplexion, für Heranwachsende, im Frühling, in östlichen Gegenden. (Wien, fol.91)

XXV. OLEUM OLIUE · OLIVENÖL

Nach Albuchasem: warme und feuchte Beschaffenheit. *Vorzuziehen:*... guter Monat. *Nutzen:* es ist sehr nahrhaft und leicht verdaulich. *Schaden:* es schwächt den Magen und verändert seine Konsistenz. *Verhütung des Schadens:* indem man es mit Nahrungsmitteln vermischt. (Paris, fol.15)

XXVI. PERDICES · REBHÜHNER

Beschaffenheit: von gemäßigter Wärme. *Vorzuziehen* sind feuchte, fette. *Nutzen:* gut für Genesende. *Schaden:* schlecht für Schwerarbeiter und Träger. *Verhütung des Schadens:* indem man sie mit gesäuertem Teig zubereitet. (Casanatense, fol.CXXXVIII)

XXVII. PINEE · PINIENKERNE

Beschaffenheit: warm im zweiten Grad, trocken im ersten. *Vorzuziehen:* ... *Nutzen:* sie regen die Blase, die Nieren und die Libido an. *Schaden:* in ihrer Schale nisten sich Würmer ein. *Verhütung des Schadens:* indem man den Baum oft beschneidet. (Paris, fol.14)

Pinee.

XXVIII. PORI · PORREE

Porree: warme Komplexion im dritten, trockene im zweiten Grad. *Vorzuziehen:* naptischer, der aus den Bergen kommt und scharf ist. *Nutzen:* er treibt den Harn, stärkt die geschlechtliche Potenz, und löst, mit Honig genossen, Brustkatarrhe. *Schaden:* er ist schädlich für Gehirn und Sinne. *Verhütung des Schadens:* mit Sesamöl oder süßen Mandeln. *Was er erzeugt:* verbranntes Blut und scharfe Galle. Besonders gut für kalte Komplexion, für Greise, im Winter, in nördlichen Gegenden. (Wien, fol.25)

XXIX. SAUICH, id est PULTES ORDEI · SAVICH, das ist GERSTENMUS

Sauic, das ist Gerstenmus: kalte und trockene Komplexion im zweiten Grad. *Vorzuziehen* ist mäßig erwärmtes. *Nutzen:* es ist gut für den Fluß der Galle. *Schaden:* es erzeugt Blähung. *Verhütung des Schadens:* mit Zucker. *Was es erzeugt:* gute Säfte. Zuträglich für Menschen mit warmer Komplexion, für Jugendliche, im Sommer und in warmen Gegenden. (Wien, fol.44v)

XXX. SAUICH id est PULTES TRITICI · SAVICH, das ist WEIZENMUS

Weizenmus: warme und trockene Beschaffenheit im zweiten Grad. *Vorzuziehen* ist mäßig erwärmtes. *Nutzen:* gut für feuchte Eingeweide. *Schaden:* es macht die Brust rauh. *Verhütung des Schadens:* durch Mischen mit warmen Wasser. *Was es erzeugt:* gemäßigtes Blut. Gut für gemäßigte Komplexion, für Greise, im Winter und im Frühling, in allen Gegenden. (Wien, fol.43v)

XXXI. RECOCTA · MOLKENKÄSE

Beschaffenheit: kalt und feucht. *Vorzuziehen* ist der aus reiner Milch gewonnene. *Nutzen:* er nährt und macht fett. *Schaden:* er verstopft, ist schwer verdaulich und verursacht Koliken. (Paris, fol.59)

syr. zwarone syrowatky
Recocta.

XXXII. ROXE · ROSEN. *Nach Johannes:* von kalter Beschaffenheit im ersten Grad, trocken im dritten. *Vorzuziehen* sind die frischen aus Suri und Persien. *Nutzen:* gut für ein warmes Gehirn. *Schaden:* sie verursachen bei manchen Menschen Kopfschmerzen. *Verhütung des Schadens:* mit Kampfer. (Paris, fol. 83)

XXXIII. ROXE · ROSEN

Rosen: von kalter Beschaffenheit im ersten, von trockener im dritten und, nach anderen, im zweiten Grad. *Vorzuziehen* sind die frischen aus Suri und Persien. *Nutzen:* gut für ein warmes Gehirn. *Schaden:* sie rufen bei manchen Personen ein Gefühl der Schwere oder eine Störung des Geruchssinnes hervor. *Verhütung des Schadens:* mit Kampfer, nach anderen mit Krokus. *Was sie erzeugen:* nichts. Gut für Menschen mit warmer Komplexion, für Jugendliche, in warmen Jahreszeiten und in warmen Gegenden. (Wien, fol.38)

XXXIV. ROXE · ROSEN

Beschaffenheit: kalt im zweiten und trocken im dritten Grad. *Vorzuziehen* sind die aus Suri und Persien. *Nutzen:* gut für ein warmes Gehirn. *Schaden:* sie rufen bei manchen Menschen Kopfschmerzen hervor. *Verhütung des Schadens:* mit Kampfer. (Casanatense, fol.LXIX)

XXXV. RUTA · RAUTE

Beschaffenheit: warm und trocken im dritten Grad. *Vorzuziehen* ist die in der Nähe eines Feigenbaums gewachsene. *Nutzen:* schärft die Sehstärke und löst Blähungen. *Schaden:* vermehrt das Sperma und dämpft das geschlechtliche Begehren. *Verhütung des Schadens:* mit spermavermehrenden Speisen. (Paris, fol.32)

Ruta.

XXXVI. SALUIA · SALBEI

Beschaffenheit: warm im ersten Grad und trocken im zweiten Grad. *Vorzuziehen* ist jener aus dem Hausgarten, vor allem dessen Blätter. *Nutzen:* gut gegen Lähmungen und zur Stärkung der Nerven. *Schaden:* er hellt dunkles Haar auf. *Verhütung des Schadens:* mit einem Trank aus Myrthen und Gartenkrokus. (Casanatense, fol.LXVIII)

XXXVII. SILIGO · WINTERWEIZEN

Beschaffenheit: kalt und trocken im zweiten Grad. *Vorzuziehen* ist ganz reifer. *Nutzen:* er mildert die Schärfe der Säfte. *Schaden:* er ist schädlich für jene, die unter Koliken und Melancholie leiden. *Verhütung des Schadens:* mit viel Hefe. (Casanatense, fol.LXXXVI)

Spargus:

XXXIX. SPELTA · SPELT

Beschaffenheit: warm. *Vorzuziehen* ist schwerer und gewichtiger. *Nutzen:* gut für die Brust, die Lunge und gegen Husten. *Schaden:* er schadet dem Magen und ist weniger nahrhaft als Weizen. *Verhütung des Schadens:* indem man ihn mit Anis ißt. (Casanatense, fol.LXXXVII)

XXXVIII. SPARAGUS · SPARGEL

Nach Johannes: gemäßigt warme und feuchte Beschaffenheit im ersten Grad. *Vorzuziehen* ist frischer, dessen Spitzen sich zur Erde neigen. *Nutzen:* er stärkt die geschlechtliche Potenz und löst Verstopfungen. *Schaden:* er schadet dem Magengewebe. *Verhütung des Schadens:* durch Kochen und Zubereiten mit Salzwasser. (Paris, fol.26)

XL. SPINACHIE · SPINAT

Spinat: von kalter und feuchter Beschaffenheit im ersten Grad. nach anderen gemäßigt. *Vorzuziehen* wenn er noch regenfeucht ist. *Nutzen:* er ist gut gegen Husten und für die Brust. *Schaden:* er stört die Verdauung. *Verhütung des Schadens:* in Salzwasser gekocht oder mit Essig und aromatischen Stoffen zubereitet. *Was er erzeugt:* mäßige Nährstoffe. Zuträglich für Menschen mit warmer Komplexion, für Jugendliche, zu allen Jahreszeiten und allen Gegenden. (Wien, fol.27)

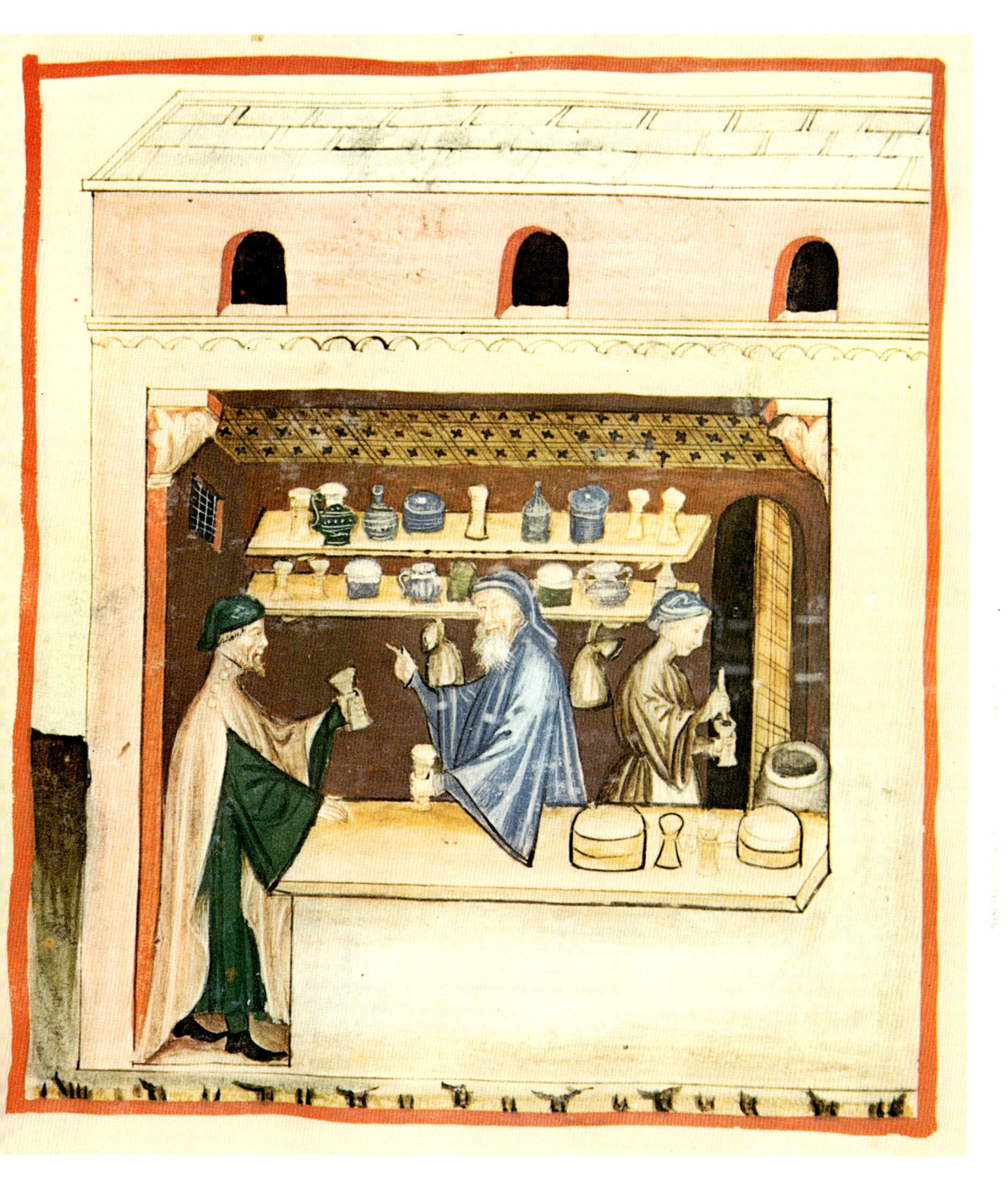

XLI. TRIACHA · THERIAK

Theriak: von warmer und trockener Beschaffenheit. *Vorzuziehen* ist die Art, die den Hahn vom Gift befreit und älter als zehn Jahre ist. *Nutzen:* gut gegen Gifte, warme und kalte Krankheiten. *Schaden:* wenn er älter als zehn Jahre ist, verursacht er Schlaflosigkeit. *Verhütung des Schadens:* durch kühlende Substanzen wie Gerstenwasser. Hilft Menschen mit kalter Komplexion, Greisen, im Winter und in kalten Gegenden, aber auch sonst überall, wo es nötig ist. (Wien, fol.53v)

XLII. TRIJ · TEIGWAREN

Teigwaren: warme und feuchte Beschaffenheit im zweiten Grad. *Vorzuziehen* sind die vollständig zubereiteten. *Nutzen:* sie sind gut für die Brust und die Kehle. *Schaden:* sie sind schädlich für schwache Eingeweide und den Magen. *Verhütung des Schadens:* mit Gerstenzucker. *Was sie erzeugen:* sehr viel Nährstoff. Gut für einen warmen Magen, für Jugendliche, im Winter und in allen Gegenden. (Wien, fol.45v)

XLIII. UVE · WEINTRAUBEN

Beschaffenheit: warm im ersten Grad, feucht im zweiten. *Vorzuziehen* sind besonders dünnschalige, saftreiche Sorten, die gegen Gift schützen. *Nutzen:* sie sind nahrhaft, reinigen und machen dick. *Schaden:* sie erzeugen Durst. *Verhütung des Schadens:* mit sauren Granatäpfeln. (Casanatense, fol.III)

XLIV. VENTUS MERIDIONALIS · SÜDWIND

Beschaffenheit: warm im zweiten Grad, trocken im ersten. *Vorzuziehen* ist jener, der über gute Gegenden weht. Nutzen: er ist gut für den Brustkorb. *Schaden:* er schwächt die Sinne. *Verhütung des Schadens:* mit Bädern. (Paris, fol. 101v)

XLV. VER · FRÜHLING

Beschaffenheit: von gemäßigter Feuchtigkeit im zweiten Grad. *Vorzuziehen* ist seine Mitte. *Nutzen:* er ist allgemein gut für Tiere und für alles, was aus der Erde sprießt. *Schaden:* er schadet einem unreinen Körper. *Verhütung des Schadens:* durch Reinigung des Körpers. (Paris, fol.103)

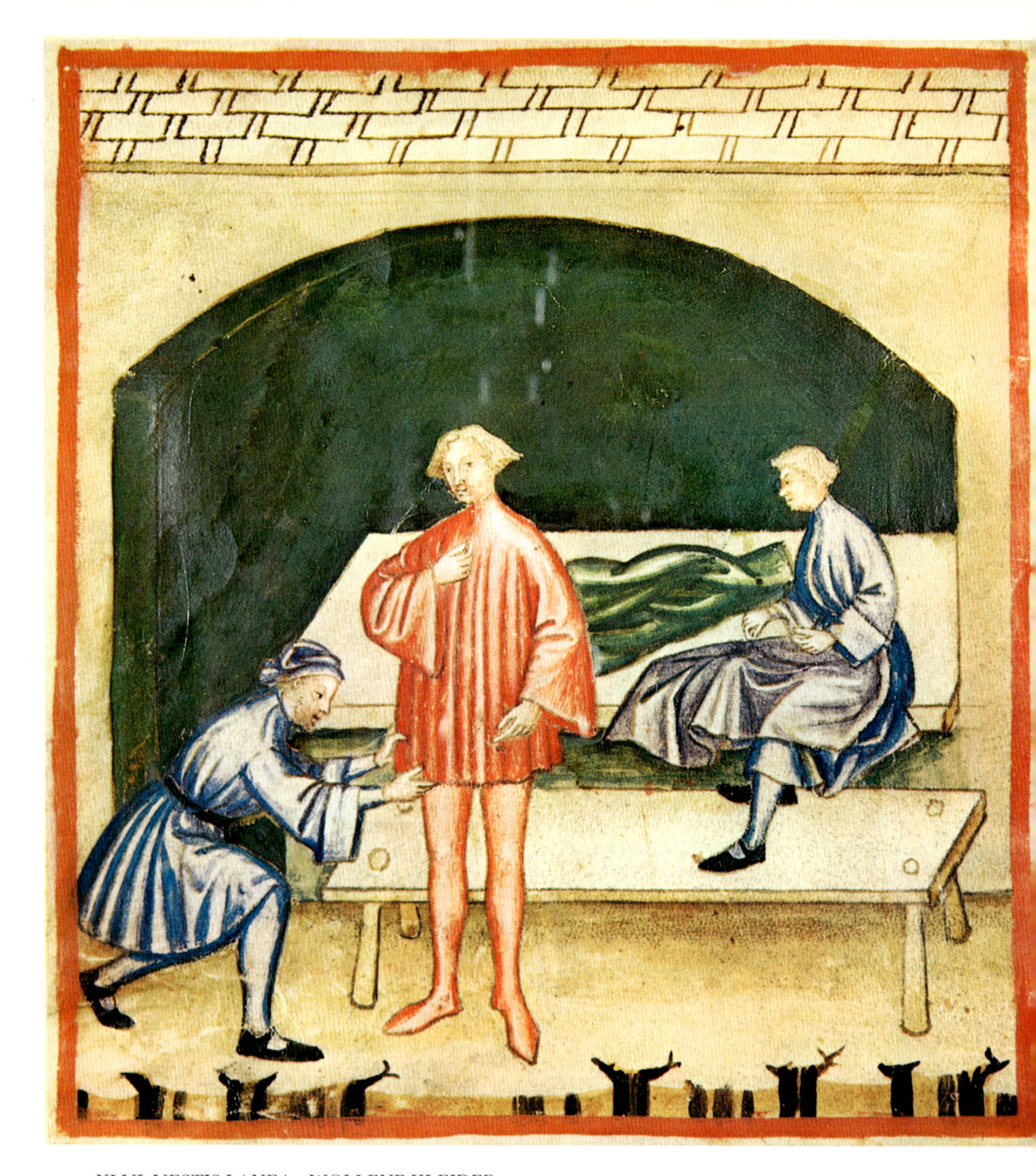

XLVI. VESTIS LANEA · WOLLENE KLEIDER

Beschaffenheit: warm und trocken. *Vorzuziehen* sind diejenigen aus feiner flandrischer Wolle. *Nutzen:* sie schützen den Körper vor Kälte und halten ihn warm. *Schaden:* sie machen eine rauhe Haut. *Verhütung des Schadens:* mit feiner Linnenkleidung. (Casanatense, fol.CCVI)

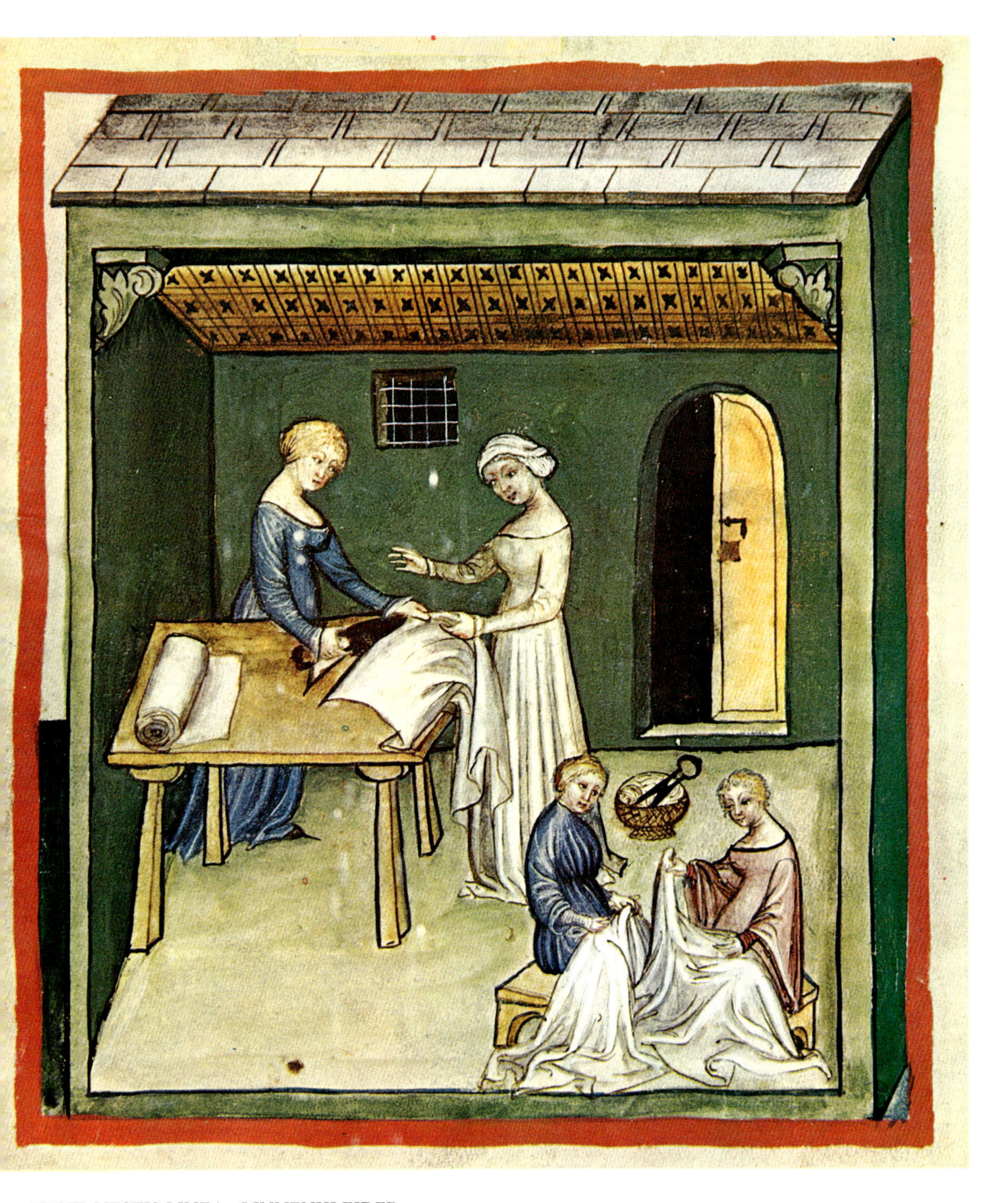

XLVII. VESTIS LINEA · LINNENKLEIDER

Linnenkleider: kalte und trockene Beschaffenheit im zweiten Grad. *Vorzuziehen* sind die leichten, hellen, schönen. *Nutzen:* sie mildern die Körperwärme. *Schaden:* sie drücken auf die Haut und verhindern die Ausdünstungen. *Verhütung des Schadens:* durch Mischen von Linnen mit Seide. *Was sie bewirken:* sie trocknen Geschwüre aus. Sie sind zuträglich für Menschen mit warmer Komplexion, für Jugendliche, im Sommer und in südlichen Gegenden. (Wien, fol.105v)

XLVIII. ÇUCHARUM · ZUCKER

Zucker: warme Beschaffenheit im ersten Grad, feuchte im zweiten. *Vorzuziehen* ist der weiße , reine. *Nutzen:* er reinigt den Körper, ist gut für die Brust, die Nieren und die Harnblase. *Schaden:* er macht durstig und erregt den Gallensaft. *Verhütung des Schadens:* mit sauren Granatäpfeln. *Was er erzeugt:* Blut, das nicht schlecht ist. Er ist gut für alle Komplexionen, alle Alterstufen, in jeder Jahreszeit und allen Gegenden. (Wien, fol.92)

SCHWARZWEISS-TAFELN

A. DAS TACUINUM VON LÜTTICH

1. ALBULIASEM DE BALDAC FILIUS HABDI MEDICI COMPOSUIT HUNC LIBRUM.
ALBULLASEM DE CALDAC, SOHN DES ARZTES HABDI, HAT DIESES BUCH VERFASST.

Hier sind alle Namen der Weisen aufgezählt, die in diesem Buch erwähnt werden, und durch den ersten Buchstaben ihres Namens bezeichnet.
Ypo. [Hippocrates] durch ein griechisches Y,
Ga [Galen) durch G,
Ru. [Rufus] durch Ru,
Day. [Dioskurides] durch D,
Pa. [Paulus] durch P,
Ou. [Oreibasios] durch O,
Teo. [Theodorus] durch T,
Jo. [Johannes] durch Jo,
Ma. [Macer] durch Ma,
Ve. [Vegetius] durch Ve,
Schi. [Scirvindi] durch Schi,
Ra. [Rasis] durch Ra,
Mu. [Musa] durch Mu,
Jo. [Johannicius] durch ein lateinisches J,
Isa. [Isaac] durch Is,
Albu. [Albusesem] durch Al.
Merke, daß die Heilkunde von vier Graden spricht, nämlich dem 1., 2., 3., 4. und nicht mehr. [fol. 1v]

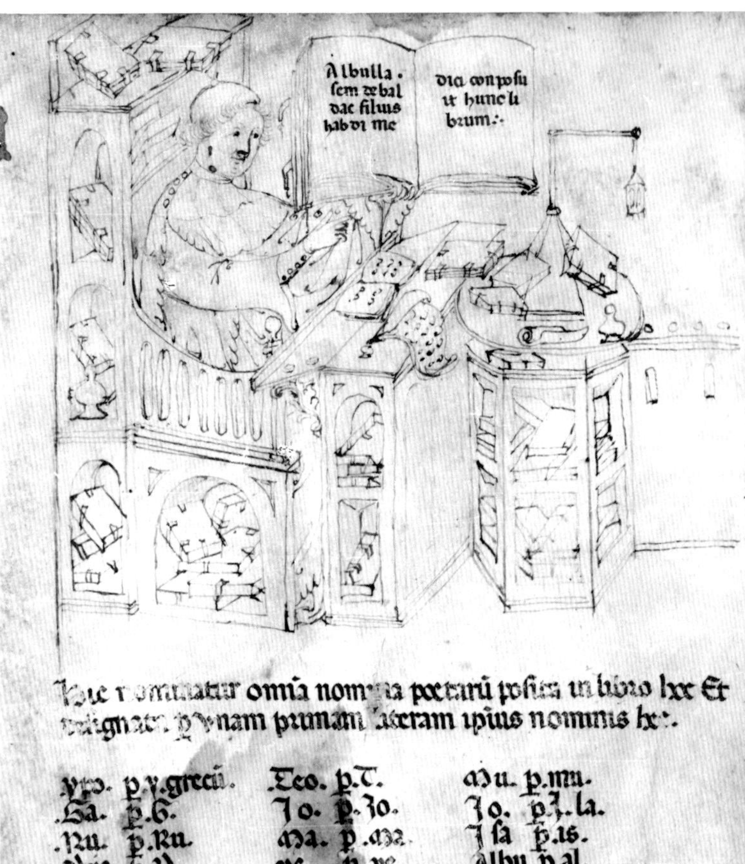

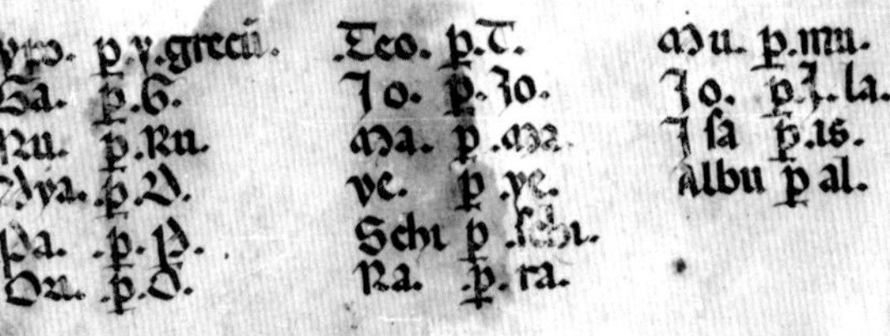

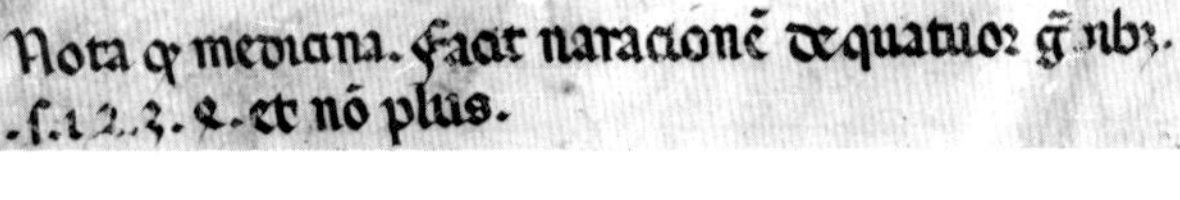

2. FICHUS · FEIGEN

Beschaffenheit: warm und feucht im 1.Grad. *Vorzuziehen* sind die weißen, geschälten. *Nutzen:* sie reinigen die Nieren und befreien sie von Sand. *Schaden:* sie blähen und machen dick. *Verhütung des Schadens:* mit Salzwasser und Essigsyrup. [fol. 2]

3. UVE · TRAUBEN

Beschaffenheit: hier sind sie feucht. *Vorzuziehen* sind dünnhäutige, saftreiche. *Nutzen:* sie sind nahrhaft, reinigend und machen dick. *Schaden:* sie machen durstig. *Verhütung des Schadens:* mit sauren Granatäpfeln. [fol. 2 v]

4. PERSICHA · PFIRSICHE

Beschaffenheit: kalt und feucht im 1. Grad. *Vorzuziehen* sind Muschati-Pfirsiche. *Nutzen:* sie lindern brennendes Fieber. *Schaden:* sie verderben die Säfte. *Verhütung des Schadens:* mit gewürztem Wein. [fol. 3]

5. BRUGNA · PFLAUMEN

Beschaffenheit: kalt im zweiten Grad. *Vorzuziehen* sind die süßen Calaone-Pflaumen. *Nutzen:* sie treiben den Gallensaft heraus. *Schaden:* sie sind nicht gut für das Magengewebe. *Verhütung des Schadens:* mit Rosen-Zucker. [fol. 3 v]

6. PIRA · BIRNEN

Beschaffenheit: kalt im ersten und trocken im zweiten Grad. *Vorzuziehen* sind die natürlich gereiften. *Nutzen:* gut für einen schwachen Magen. *Schaden:* sie schaden der Gallentätigkeit. *Verhütung des Schadens:* indem man danach etwas anderes ißt. [fol. 4]

7. GRANATA DULCIA · SÜSSE GRANATÄPFEL

Beschaffenheit: warm im ersten und feucht im zweiten Grad. *Vorzuziehen* sind die süßen und großen. *Nutzen:* sie sind gut gegen Husten und für geschlechtliche Potenz. *Schaden:* sie verursachen Bähung. *Verhütung des Schadens:* mit sauren Granatäpfeln. [fol. 4v]

8. GRANATA ACCETOSA · SAURE GRANATÄPFEL

Beschaffenheit: kalt im zweiten Grad und feucht im ersten. *Vorzuziehen* sind die sehr saftigen. *Nutzen:* gut für eine warme Leber. *Schaden:* schlecht für die Brust und die Stimme. *Verhütung des Schadens:* durch Speisen, die mit Honig gesüßt sind. [fol. 5]

9. CITONIA COLONIA · QUITTEN

Beschaffenheit: kalt und trocken im zweiten Grad. *Vorzuziehen* sind volle, große. *Nutzen:* sie erfreuen und regen an. *Schaden:* sie rufen Koliken hervor. *Verhütung des Schadens:* mit honigsüßen Datteln. [fol. 5v]

10. POMA MALA DULCIA · SÜSSE ÄPFEL

Beschaffenheit: warm und feucht im zweiten Grad. *Vorzuziehen* sind Paradixani- und Gerosolimitani-Äpfel. *Nutzen:* sie stärken das Herz. *Schaden:* sie sind schlecht für die Nerven. *Verhütung des Schadens:* mit Rosenzucker oder Rosenhonig. [fol. 6]

11. POMA MALA ACCETOSA · SAURE ÄPFEL

Beschaffenheit: kalt und trocken im zweiten Grad. *Vorzuziehen* sind die nicht aus dem Pontus kommen. *Nutzen:* sie sind gut für Herzleidende. *Schaden:* schlecht für die Gelenke. *Verhütung des Schadens:* mit würzigem Zitronatwein. [fol. 6v]

12. ARMONIACA · APRIKOSEN

Beschaffenheit: kalt und feucht im zweiten Grad. *Vorzuziehen* sind solche aus Armenien und „Barni". *Nutzen:* sie verursachen Brechreiz. *Schaden:* sie erkälten den Magen, wenn man zuviel davon ißt. *Verhütung des Schadens:* durch Erbrechen. [fol. 7]

13. ... SICOMORI · MAULBEEREN

Beschaffenheit: kalt und feucht im zweiten Grad. *Vorzuziehen* sind die großen und schwarzen. *Nutzen:* für Halsgeschwüre. *Schaden:* sie verursachen Magenschmerzen. *Verhütung des Schadens:* mit milden Medikamenten. [fol. 7v]

14. NESPULA · MISPELN

Beschaffenheit: kalt im ersten und trocken im zweiten Grad. *Vorzuziehen* sind... *Nutzen:* sie schützen vor Trunkenheit. *Schaden:* für den Magen und die Verdauung. *Verhütung des Schadens:* mit Gerstenzucker. [fol. 8]

15. CEREXA ACETOXE · SAUERKIRSCHEN

Beschaffenheit: kalt und feucht im ersten Grad. *Vorzuziehen* sind die süßen mit feiner Haut. *Nutzen:* für einen phlegmatischen, überfüllten Magen. *Schaden:* sie sind schwer verdaulich. *Verhütung des Schadens:* indem man sie auf leeren Magen ißt. [fol. 8v]

). CEREXA DULCIA ·
SÜSSE KIRSCHEN

eschaffenheit: kalt und feucht im ersten Grad. *orzuziehen* sind die reifen und süßen. *Nutzen:* e machen den Magen feucht und weich. *chaden:* bei falschem Gebrauch schädlich ir den Magen. *Verhütung des Schadens:* mit itronatwein. [fol. 9]

7. AMIGDALE DULCES ·
SÜSSE MANDELN

eschaffenheit: warm und trocken im zweiten rad. *Vorzuziehen* sind diejenigen, bei denen ch die Haut leicht abreiben läßt. *Nutzen:* e verhindern das Trunkenwerden. *Schaden:* e verursachen Störungen. *Verhütung des Scha-ens:* durch Trinken von bestem Wein und itronat-Wein. [fol. 9v]

18. RUCOLA MASTURCIUM ·
GARTENKRESSE

Beschaffenheit: warm und feucht im ersten Grad. *Vorzuziehen* ist die weniger scharfe. *Nutzen:* sie regt die geschlechtliche Potenz an und vermehrt das Sperma. *Schaden:* sie verursacht Kopfschmerzen. *Verhütung des Schadens:* mit Endivien, Kopfsalat und Essig. [fol. 10]

19. SALUIA · SALBEI

Beschaffenheit: warm und trocken im zweiten Grad. *Vorzuziehen* ist jener aus dem Hausgarten. *Nutzen:* gut gegen Lähmung und für die Nerven. *Schaden:* bleicht die Haare aus. *Verhütung des Schadens:* indem man ihn in Myrtenwasser und orientalischen Krokuswasser gibt. [fol. 16]

20. CUCURBITE · KÜRBISSE

Beschaffenheit: kalt und feucht im zweiten Grad. *Vorzuziehen* sind die frischen, grünen. *Nutzen:* sie mäßigen den Durst. *Schaden:* sie verändern sich und verderben schnell. *Verhütung des Schadens:* mit Salzwasser und Senf. [fol. 18v]

21. TARTUFFULUS · TRÜFFELN

Beschaffenheit: kalt und feucht im zweiten Grad. *Vorzuziehen* sind die dicken, die wie Eierfrüchte geformt sind. *Nutzen:* sie nehmen jeden Geschmack an und verstärken die geschlechtliche Potenz. *Schaden:* bei melancholischen Krankheiten. *Verhütung des Schadens:* mit Pfeffer, Öl und ... [fol. 21v]

22. FENICULUS · FENCHEL

Beschaffenheit: warm und trocken im zweiten Grad. *Vorzuziehen* ist jener aus dem Hausgarten. *Nutzen:* gut für die Sehkraft und gegen Fieber. *Schaden:* schlecht für den Menstruationsfluß. *Verhütung des Schadens:* ..... [fol. 24 v]

23. NAPONES · KOHLRÜBEN

Beschaffenheit: warm im zweiten und feucht im ersten Grad. *Vorzuziehen* sind die langen und schwarzen. *Nutzen:* sie vermehren das Sperma und machen die Haut weniger anfällig für Schwellungen. *Schaden:* sie verstopfen die Venen und die Poren. *Verhütung des Schadens:* durch zweimaliges Kochen und Beigabe von sehr fettem Fleisch. [fol. 24]

24. FAXOLLI · BOHNEN

Beschaffenheit: warm und feucht im ersten Grad. Vorzuziehen die rötlichen, nicht zusammengeschrumpften. *Nutzen:* sie treiben den Harn und machen den Körper dick. *Schaden:* ... *Verhütung des Schadens:* mit Öl, Salzwasser und Senf. [fol. 26]

25. BRONDIUM CEXERUM · KICHERERBSENSUPPE

Beschaffenheit: warm und feucht im zweiten Grad. *Vorzuziehen* ist die aus Kichererbsen, dicken Bohnen und süßer Milch bereitete. *Nutzen:* gut gegen Lähmungen. *Schaden:* schlecht bei cholerischen Krankheiten. *Verhütung des Schadens:* mit einem Pulver. [fol. 27 v]

26. FURMENTUM · WEIZEN

Beschaffenheit: warm und feucht im zweite Grad. *Vorzuziehen:* der fette und gewichtig *Nutzen:* öffnet Geschwüre. *Schaden:* er veru sacht Verstopfungen. *Verhütung des Schaden* wenn man ihn gut zubereitet. [fol. 28]

27. SILIGIO · WINTERWEIZEN

Beschaffenheit: kalt und trocken. *Vorzuzieher* ist voller, reifer. *Nutzen:* er mildert die Schär der Säfte. *Schaden:* für jene, die an Kolike und melancholischen Krankheiten leiden. *Ve hütung des Schadens:* mit guter Hefe. [fol. 28v

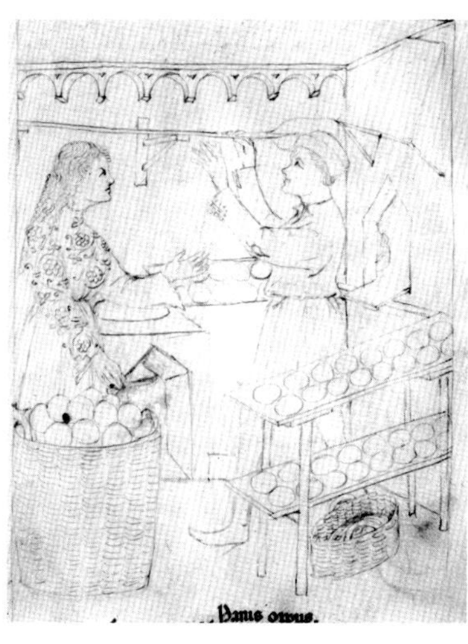

3. MILLIUM · HIRSE

eschaffenheit: kalt im ersten und trocken 1 zweiten Grad. *Vorzuziehen* sind jene, die wa drei Monate auf dem Feld stand. *Nutzen:* e ist gut für jene, die eine Erfrischung es Magens und eine Austrocknung über-issiger Säfte wünschen. *Schaden:* sie erzeugt ır wenig Nährstoffe. *Verhütung des Schadens:* dem man sie mit sehr Nahrhaftem zusam-en ißt. [fol. 31]

). PULCES FURMENTI · WEIZENSUPPE

eschaffenheit: kalt und feucht im zweiten rad. *Vorzuziehen* ist solche, die bei mäßiger itze gekocht wurde. *Nutzen:* sie ist gut für uchte Eingeweide. *Schaden:* sie stört die tmung. *Verhütung des Schadens:* indem man en Weizen mit warmem Wasser wäscht. ol. 33]

30. FURMENTUM ELIXIUM · GEKOCHTER WEIZEN

Beschaffenheit: kalt und feucht im zweiten Grad. *Vorzuziehen* ist großer und voller Weizen, der beim Kochen ganz bleibt. *Nutzen:* er ist gut bei zuviel Salz im Körper. *Schaden:* er verursacht Windigkeiten und viel überflüssige Säfte. *Verhütung des Schadens:* mit viel Salz. [fol. 33 v]

31. PULTES ORDEI · GERSTENMUS

Beschaffenheit: kalt und trocken im zweiten Grad. *Vorzuziehen* ist mäßig erwärmtes. *Nutzen:* es ist gut gegen Gallenfluß. *Schaden:* es verursacht Blähung. *Verhütung des Schadens:* mit Zucker. [fol. 34]

32. PANIS DE SIMILA ALBISSIMUS · WEISSES BROT AUS WEIZENMEHL

Beschaffenheit: ...und warm im zweiten Grad. *Vorzuziehen* ist wenn es gut gebacken und zitronengelb ist. *Nutzen:* es macht den Leib fett. *Schaden:* es verursacht Verstopfungen. *Verhütung des Schadens:* wenn er gut durchsäuert ist. [fol. 34v]

33. PANIS OPPUS · DUNKLES BROT

Beschaffenheit: warm im zweiten Grad.... *Vorzuziehen* ist jenes, das wenig Kleie enthält und nach dem Backen eine Nacht geruht hat, bevor man es ißt. *Nutzen:* es mäßigt den Bauch. *Schaden:* es verursacht Juckreiz und Krätze. *Verhütung des Schadens:* mit... [fol. 35]

34. PANIS AZIMUS · UNGESÄUERTES BROT

Beschaffenheit: kalt und trocken, mäßig kalt im zweiten Grad. *Vorzuziehen* ist das gesalzene und gut gebackene. *Nutzen:* es ist gut für einen Körper, der viel Salz hat. *Schaden:* verursacht Blähung. *Verhütung des Schadens:* mit altem Wein. [fol. 35v]

35. LAC DULCE · SÜSSE MILCH

Beschaffenheit: gemäßigt oder warm, wenn sie süß ist. *Vorzuziehen* ist jene von jungen Schafen. *Nutzen:* sie ist gut für die Brust und die Lunge. *Schaden:* sie schadet bei Fieber. *Verhütung des Schadens:* mit kernlosen Rosinen. [fol. 37v]

36. BUTIRUM · BUTTER

Beschaffenheit: warm und feucht. *Vorzuziehen* ist solche von Schafmilch. *Nutzen:* sie zieht Überflüssigkeiten der Lunge heraus, die durch Kälte oder Trockenheit verursacht sind *Schaden:* sie macht den Magen träge. *Verhütung des Schadens:* mit herben, trockenen Dingen. [fol. 39]

37. CASEUS RECENS · FRISCHER KÄSE

Beschaffenheit: kalt und feucht. *Vorzuziehen* ist der aus Milch von gesunden Tieren gewonnene. *Nutzen:* er erweicht und macht den Körper fett. *Schaden:* er verursacht Verstopfungen. *Verhütung des Schadens:* mit Nüssen, Mandeln oder Honig. [fol. 39v]

38. CASEUS VETUS · ALTER KÄSE

Beschaffenheit: von mäßiger Wärme un Trockenheit. *Vorzuziehen* ist der fette. *Nutzen* er stillt den Fluß, wenn er gebraten ist. *Schaden:* er schadet den Nieren und ... *Verhütung des Schadens:* indem man ihn zwischen zwe anderen Gerichten ißt. [fol. 40]

39. RECOCTA · MOLKENKÄSE

Beschaffenheit: kalt und feucht. *Vorzuziehe* ist solcher aus reiner Milch. *Nutzen:* er näh und macht fett. *Schaden:* er verursacht Ver stopfungen des Magens, ist schwer verdau lich und begünstigt Koliken. *Verhütung de Schadens:* mit Butter und Honig. [fol. 40v

). OUA GALINEARUM · HÜHNEREIER

'eschaffenheit: das Eiweiß ist kalt und feucht, er Dotter warm und feucht. *Vorzuziehen* sind ie frischen, dicken. *Nutzen:* sie vermehren ie geschlechtliche Potenz. *Schaden:* sie verngsamen die Verdauung und verursachen ommersprossen. *Verhütung des Schadens:* inem man nur den Dotter ißt. [fol. 41v]

1. OUA AUSTRUM ET GROSSA · STRAUSSENEIER

eschaffenheit: von mäßiger Wärme. *Vorzu-ehen* ... *Nutzen:* gut für schwer Arbeitende. *chaden:* sie verursachen Koliken, Blähungen nd Schwindelgefühl. *Verhütung des Schadens:* it Origano und Salz. [fol. 42]

42. CARNES ARIETUM · WIDDERFLEISCH

Beschaffenheit: warm und feucht im ersten Grad. *Vorzuziehen* Fleisch von einjährigen Widdern. *Nutzen:* gut für einen gemäßigten Magen. *Schaden:* schlecht für diejenigen, die zu Übelkeit neigen. *Verhütung des Schadens:* mit herben Brühen. [fol. 42 v]

43. CARNES EDORUM · ZIEGENFLEISCH

Beschaffenheit: von mäßiger Wärme im zweiten Grad. *Vorzuziehen* ist solches von rötlichen, gegen Braun hin neigenden Böcken. *Nutzen:* es ist leicht verdaulich. *Schaden:* es verursacht Koliken, wenn das Fleisch geröstet ist. *Verhütung des Schadens:* ... [fol. 43]

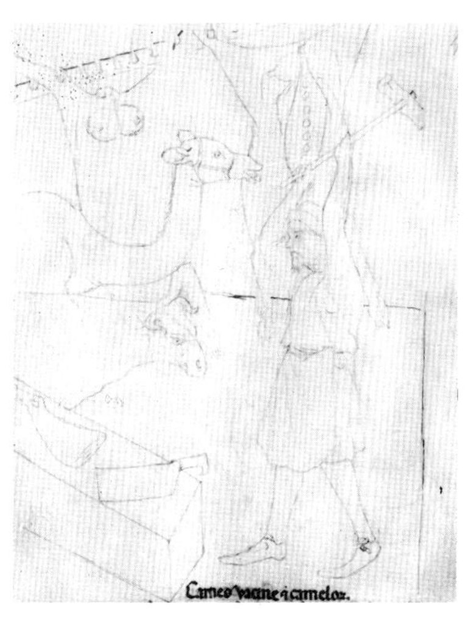

44. CARNES VITULORUM · KALBFLEISCH

Beschaffenheit: von gemäßigter Wärme im zweiten Grad. *Vorzuziehen* ist solches von jungen Tieren. *Nutzen:* gut für Menschen, die körperliche Arbeit verrichten. *Schaden:* es ist schlecht für Milzleidende. *Verhütung des Schadens:* durch Bewegung und Bäder. [fol. 43v]

45. CARNES VACINE ET CAMELIORUM KUH- UND KAMELFLEISCH

Beschaffenheit: warm und trocken im zweiten Grad. *Vorzuziehen* ist jenes von jungen, zur Arbeit herangezogenen Tieren. *Nutzen:* gut für körperlich Arbeitende und für Menschen, die an Gallenfluß leiden. *Schaden:* es ruft melancholische Krankheiten hervor. *Verhütung des Schadens:* mit Ingwer und Pfeffer. [fol. 44]

46. CARNES PORCINE · SCHWEINEFLEISCH

Beschaffenheit: warm und feucht im ersten Grad. *Vorzuziehen:* ist das Fleisch von jungen und fetten Tieren. *Nutzen:* es ist sehr nahrhaft und wird leicht umgewandelt. *Schaden:* es schadet dem Magen. *Verhütung des Schadens:* indem man es brät und mit Senf würzt. [fol. 44v]

47. ANIMALIA CASTRATA · KASTRIERTE TIERE

Beschaffenheit: besseres und kälteres Fleisch als das von nicht kastrierten Tieren. *Vorzuziehen* ist Fleisch von ein- und zweijährigen Tieren. *Nutzen:* es ist leicht verdaulich. *Schaden:* es laxiert den Bauch. *Verhütung des Schadens:* mit Fruchtsaft. [fol. 45]

48. CARNES GAZELLARUM · GAZELLENFLEISCH

Beschaffenheit: warm und trocken im zweiten Grad. *Vorzuziehen* ist solches von kleineren Tieren. *Nutzen:* es ist gut gegen Koliken und Lähmungen. *Schaden:* es trocknet die Nerven aus. *Verhütung des Schadens:* mit Öl und Essigstoffen. [fol. 45 v]

49. CARNES LEPORINE · HASENFLEISCH

Beschaffenheit: warm und trocken im zweiten Grad. *Vorzuziehen* ist Fleisch von Tieren, die von Jagdhunden gefangen wurden. *Nutzen:* gut für jene, die an Fettleibigkeit leiden. *Schaden:* es verursacht Schlaflosigkeit. *Verhütung des Schadens:* mit verfeinernden Stoffen. [fol. 46]

50. BUSECA · EINGEWEIDE

Beschaffenheit: kalt und trocken im zweite Grad. *Vorzuziehen* sind Eingeweide von Wic dern. *Nutzen:* sie sind gut für diejenigen, i deren Magen die Nahrung fermentiert. *Scha den:* schlecht bei Krampfadern. *Verhütung de Schadens:* mit Ingwer und viel Pfeffe [fol. 48v]

51. GRUES · KRANICHE

Beschaffenheit: warm und trocken im zweite Grad. *Vorzuziehen* sind die von einem Bei falken gefangen wurden. *Nutzen:* sie sind gu für Menschen, die körperliche Arbeit ve richten. *Schaden:* ihr Fleisch verursach schlechte Verdauung. *Verhütung des Schaden* indem man sie mit warmen Spezereien zube reitet. [fol. 52]

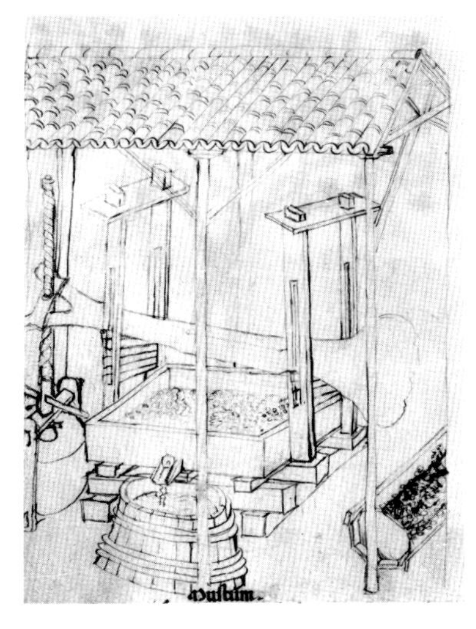

2. QUALIE · WACHTELN

3eschaffenheit: warm und feucht. *Vorzuziehen* ind die jungen, fetten. *Nutzen:* ihr Fleisch st gut... für Magere... *Schaden:* es ruft Ekel-efühl hervor. *Verhütung des Schadens:* mit ;ranatapfel-Wein. [fol. 53v]

3. PAUONES · PFAUEN

3eschaffenheit: warm und trocken im zweiten ;rad. *Vorzuziehen* sind... und die jungen aus nen. *Nutzen:* sie sind gut für warme Mägen. *chaden:* sie sind schwer verdaulich. *Verhütung es Schadens:* indem man sie mit Gewichten ufhängt. [fol. 54v]

54. AGRESTA · SAURER WEIN

Beschaffenheit: kalt im dritten und trocken im zweiten Grad. *Vorzuziehen* ist frischer und reiner. *Nutzen:* er ist gut für cholerische Eingeweide. *Schaden:* er schadet der Brust und den Nerven. *Verhütung des Schadens:* mit Süßem und Fettem. [fol. 56]

55. MUSTUM · MOST

Beschaffenheit: warm und feucht im zweiten Grad. *Vorzuziehen* ist der frisch aus der Kelter gepreßte. *Nutzen:* er macht den Leib dick. *Schaden:* er ruft Blähungen hervor. *Verhütung des Schadens:* mit saurem Granatapfelwein und Fenchel. [fol. 56v]

56. VINUM · WEIN

Beschaffenheit: warm und trocken im zweiten Grad. *Vorzuziehen* ist der duftende und zitronenfarbene. *Nutzen:* er löscht den Durst. *Schaden:* wenn man ihn unmäßig trinkt, schadet er. *Verhütung des Schadens:* indem man etwas dazu ißt. [fol. 57]

57. VINUM VETUS ODORIFERUM · DUFTENDER ALTER WEIN

Beschaffenheit: warm im zweiten und trocken im dritten Grad. *Vorzuziehen* ist der wohlriechende. *Nutzen:* er heilt Augenschmerzen. *Schaden:* er schadet den Sinnen, vor allem denen der Kinder. *Verhütung des Schadens:* mit sauren Äpfeln und Kopfsalat-Herzen. [fol. 57 v]

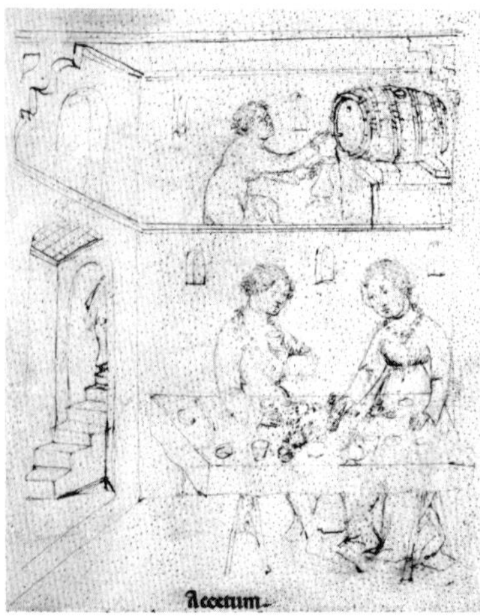

58. VINUM CITRUNUM · ZITRONENFARBENER WEIN

Beschaffenheit: warm und trocken im zweiten Grad. *Vorzuziehen* einjähriger, klarer Wein. *Nutzen:* er hebt die schädliche Wirkung der Gifte auf. *Schaden:* er mindert das geschlechtliche Begehren. *Verhütung des Schadens:* mit sauren Quitten. [fol. 58]

59. ACCETUM · ESSIG

Beschaffenheit: kalt im ersten und trocken im zweiten Grad. *Vorzuziehen* ist der aus gutem Wein gewonnene. *Nutzen:* gut für die Wärme des Zahnfleischs und für den Appetit. *Schaden:* er ist schlecht für die Nerven. *Verhütung des Schadens:* mit Wasser und Zucker. [fol.58v]

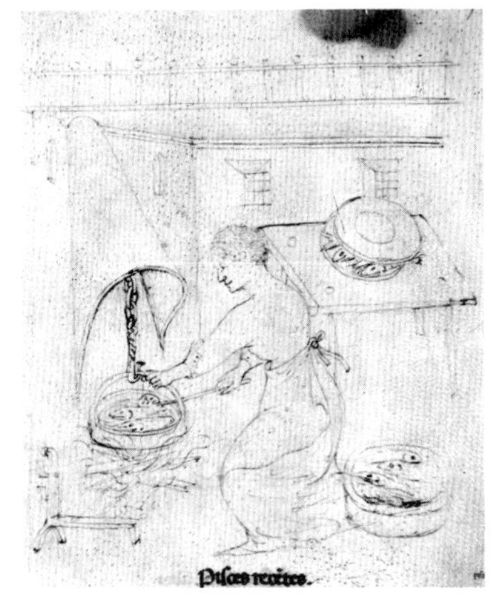

60. PISCES RECENTES · FRISCHE FISCHE

Beschaffenheit: kalt und feucht im dritten Grad. *Vorzuziehen* sind solche aus Wasser mit steinigem Grund, die dünne Haut haben und klein sind. *Nutzen:* sie machen den Leib fett. *Schaden:* sie machen durstig. *Verhütung des Schadens:* mit Wein und Rosinen. [fol. 59]

61. PISCES SALATI · GESALZENE FISCHE

Beschaffenheit: warm und trocken im zweiten Grad. *Vorzuziehen* sind die noch nicht lange eingesalzten. *Schaden:* sie verflüssigen (die Säfte) und verursachen Kollaps. *Verhütung des Schadens:* mit Rotwein, vermischt mit süßen Substanzen. (fol. 60)

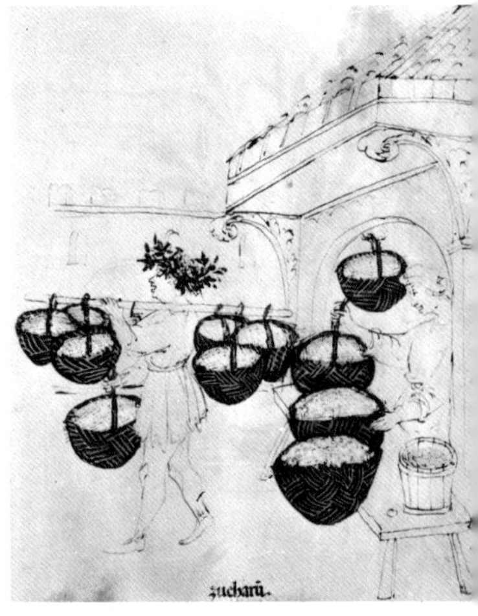

62. GAMBARI SEU CANCRI · KREBSE ODER KRABBEN

Beschaffenheit: warm und trocken im zweite Grad. *Vorzuziehen* sind frische, zitronenfa bene. *Nutzen:* sie verstärken die geschlech liche Potenz. *Schaden:* sie stören den Schla *Verhütung des Schadens:* indem man sie mi Mandeln und Olivenöl beträufelt. [fol. 61

63. ZUCHARUM · ZUCKER

Beschaffenheit: warm im ersten Grad, trocke im zweiten. *Vorzuziehen:* der weiße, raffiniert *Nutzen:* er reinigt den Körper und ist gut fü die Nieren und die Harnblase. [fol. 62]

4. MEL · HONIG

eschaffenheit: warm und trocken im zweiten Grad. *Vorzuziehen:* jener, der noch in den Waben ist. *Nutzen:* reinigt, laxiert, verhindert las Schlechtwerden von Fleisch und befeuchet... *Schaden:* er verursacht Durst und verndert sich. *Verhütung des Schadens:* mit sauren pfeln. [fol. 63v]

5. ROXE · ROSEN

eschaffenheit: kalt im ersten Grad und trokzen im dritten Grad. *Vorzuziehen* sind die rischen und duftenden. *Nutzen:* sie sind gut ür ein warmes Gehirn. *Schaden:* sie verurachen bei manchen Menschen Kopfschmeren. *Verhütung des Schadens:* mit Kampfer. fol. 64]

66. SONARE ET BALLARE · MUSIK MACHEN UND TANZEN

Beschaffenheit: beim Tanzen bewegt man die Füße und die ganze Person im Einklang mit der Musik. *Vorzuziehen* ist es, wenn die Bewegungen der Personen und die Musik übereinstimmen. *Nutzen:* gut ist eine Teilnahme im Sehen und Hören, bei der man vergnügt und in Harmonie ist. *Schaden:* wenn man vom Zusammenklingen der Noten abweicht. *Verhütung des Schadens:* indem man zum Wohlklang zurückkehrt. [fol. 64v]

67. IRA · ZORN

Beschaffenheit: er besteht im Aufwallen des Herzblutes. *Vorzuziehen* ist jener, der Fettleibigen die verlorene Farbe wiedergibt. *Nutzen:* gut gegen Lähmung oder Schmerzen des Mundes. *Schaden:* schädlich für jene, die dem unerlaubten Wollen zustimmen. *Verhütung des Schadens:* er ist beizulegen mit philosophischer höfischer Zucht. [fol. 66]

68. COITUS · KOITUS

Beschaffenheit: er besteht in der Vereinigung von zweien zur Einführung des Sperma. *Vorzuziehen* ist jener, der dauert, bis der Spermafluß völlig erschöpft ist. *Nutzen:* er ist gut für die Erhaltung der Spezies. *Schaden:* schlecht für diejenigen, die kalten und trockenen Atem haben. *Verhütung des Schadens:* durch Lebensmittel, die Samen hervorbringen. [fol. 69v]

69. EQUITATIO · REITEN

Beschaffenheit: es ist eine gemäßigte Art der Bewegung. *Vorzuziehen* ist Reiten, das Schweiß hervorruft. *Nutzen:* es ist gut in den beiden erwähnten Dingen. *Schaden:* wenn diese im Übermaß auftreten. *Verhütung des Schadens:* ... [fol. 71v]

70. LUCTATIO · FECHTEN

Beschaffenheit: es ist eine gemäßigte Übung zwischen zwei Personen. *Vorzuziehen* ist, wenn man nach Beendigung sich leicht fühlt. *Nutzen:* es ist gut für starke Körper. *Schaden:* es ist nicht gut für die Brust. *Verhütung des Schadens:* durch Schlafen nach einem Bad. [fol. 71]

71. VENATIO TERRESTRIS
JAGD AUF LANDTIERE

Beschaffenheit: es ist das Jagen von Tieren des Waldes. *Vorzuziehen* ist jene auf leicht jagdbare Tiere. *Nutzen:* sie verfeinert die Säfte. *Schaden:* sie trocknet den Körper aus. *Verhütung des Schadens:* indem man den Körper im Bad salbt. [fol. 72v]

72. VESTIS DE LANA · WOLLKLEIDE

Beschaffenheit: warm und trocken im zweiter Grad. *Vorzuziehen* sind jene aus bester fland rischer Wolle. *Nutzen:* sie erzeugen Wärme *Schaden:* sie erzeugen zu viel Wärme. *Ve hütung des Schadens:* mit Leinenkleidern [fol. 73v]

73. AQUA FONTIUM · QUELLWASSER

Beschaffenheit: kalt und feucht im vierte Grad. *Vorzuziehen* ist solches aus östlicher Quellen. *Nutzen:* es ist gut für eine warme Leber und für die Verdauung. *Schaden.* es kühlt ab und verursacht feuchte Blä hungen. *Verhütung des Schadens:* mit Bäderr und körperlicher Betätigung. [fol. 74]

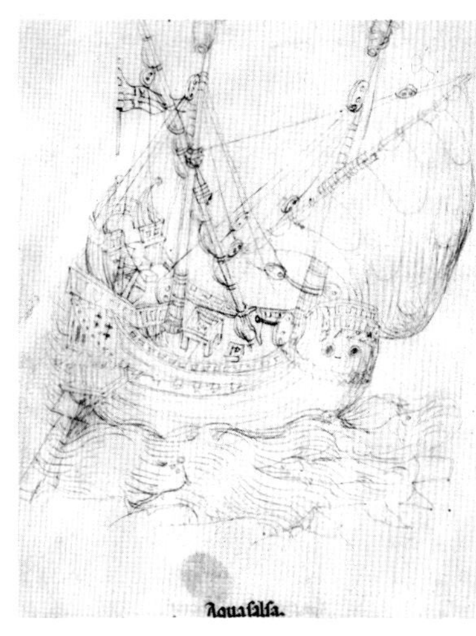

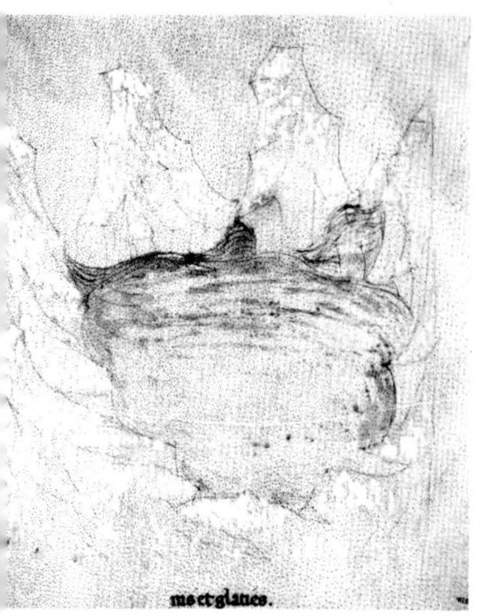

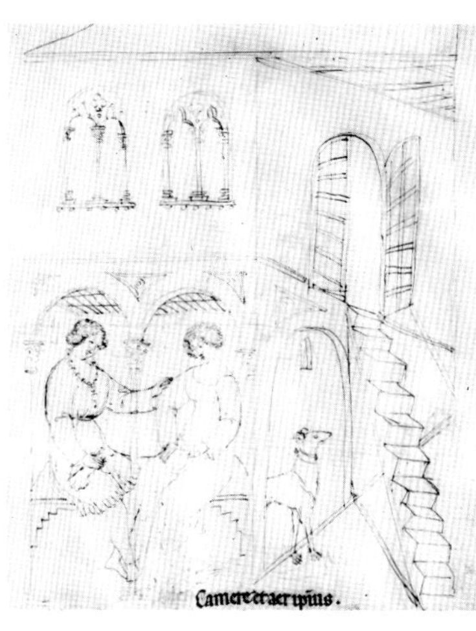

ł. AQUA PLUUIALIS · REGENWASSER

eschaffenheit: kalt und feucht im vierten rad. *Vorzuziehen* ist jenes, das in guter Erde esammelt ist. *Nutzen:* es ist gut gegen usten, gegen Melancholie und bei Schmeren in den Händen. *Schaden:* es verursacht eiserkeit, wenn das Wasser verdorben :. *Verhütung des Schadens:...* [fol. 74v]

5. NIS ET GLATIES · SCHNEE UND EIS

eschaffenheit: kalt und feucht im zweiten rad. *Vorzuziehen:* wenn sie aus süßem Vasser sind. *Nutzen:* sie verbessern die Veruung. *Schaden:* sie verursachen Husten. *erhütung des Schadens:* indem man vorher äßig trinkt. [fol. 75]

76. BALNEUM · BAD

Beschaffenheit: alle vier Qualitäten. *Vorzuziehen* sind Wechselbäder und Bäder in Süßwasser. *Nutzen:* es ist gut für alle Menschen. *Schaden:* bei akuten Krankheiten. *Verhütung des Schadens:* mit besonders kalten Dingen. [fol. 75v]

77. AQUA DELECTABILIS CALIDITATIS · WASSER VON ANGENEHMER WÄRME

Beschaffenheit: warm und feucht im zweiten Grad. *Vorzuziehen* ist solches, das die Poren durch mäßige Wärme oder Fieber öffnet. *Nutzen:* es ist gut für einen Körper, der geöffnete Poren hat; außerdem senkt es das Fieber. *Schaden:* es schadet dem Fluß im Bauch. *Verhütung des Schadens:* mit zusammenziehenden Getränken. [fol. 76]

78. AQUA SALSA · SALZWASSER

Beschaffenheit: warm und trocken im zweiten Grad. *Vorzuziehen* ist nicht bitteres und fließendes. *Nutzen:* es löst den Leib. *Schaden:* es verursacht Jucken. *Verhütung des Schadens:* wenn man guten Lehm ins Bad gibt. [fol. 76v]

79. CAMERE ET AER IPSIUS · ZIMMER UND DEREN LUFT

Beschaffenheit: warm, kalt, feucht und trocken. *Vorzuziehen* sind solche, die eine mäßige Menge Luft und Wasser haben. *Nutzen:* für Gesunde... *Schaden:* bei Neigung zu Ohnmachten und bei Herzklopfen. *Verhütung des Schadens:* durch Regulierung des Nordwindes. [fol. 78]

80. VENTUS MERIDIONALIS · SÜDWIND

Beschaffenheit: warm im zweiten und trocken im dritten Grad. *Vorzuziehen* ist jener, der durch eine gute Gegend weht. *Nutzen:* er ist gut für die Brust. *Schaden:* er verwirrt die Sinne. *Verhütung des Schadens:* mit Bädern. [fol. 78v]

81. VENTUS SEPTEMTRIONALIS · NORDWIND

Beschaffenheit: kalt im dritten und trocken im zweiten Grad. *Vorzuziehen* ist jener, der über süße Gewässer streicht. *Nutzen:* er macht die Sinne klar. *Schaden:* er schadet der Brust und verursacht Husten. *Verhütung des Schadens:* mit Bad und Kleidern. [fol. 79]

82. VENTUS OCCIDENTALIS · WESTWIND

Beschaffenheit: warm und trocken im zweiten Grad. *Vorzuziehen* ist der sich vom Norden her drehende. *Nutzen:* er fördert die Verdauung. *Schaden:* durch Zittern und Kälte. *Verhütung des Schadens:* durch Erwärmung. [fol. 79v]

83. VENTUS ORIENTALIS · OSTWIND

Beschaffenheit: warm. *Vorzuziehen* ist jener, der über das Wasser weht und Regen mit sich bringt. *Nutzen:* er vermehrt die Geister. *Schaden:* er schadet den Augen und der Nase. *Verhütung des Schadens:* mit Flußwasser. [fol. 80]

84. VER · FRÜHLING

Beschaffenheit: von mäßiger Feuchtigkeit ir zweiten Grad. *Vorzuziehen* ist seine Mitt *Nutzen:* ganz allgemein gut für Tiere un aus der Erde Wachsendes. *Schaden:* er is schlecht für schmutzige Körper. *Verhütun des Schadens:* indem man die Körper reinig [fol. 80v]

85. ESTAS · SOMMER

Beschaffenheit: von gemäßigter Wärme ir dritten Grad. *Vorzuziehen* ist sein Anfan *Nutzen:* er befreit von Überflüssigem. *Scha den:* er schwächt die Verdauung aufgrun der Gallensäfte. *Verhütung des Schadens:* mi Kühlendem und Feuchtem. [fol. 81]

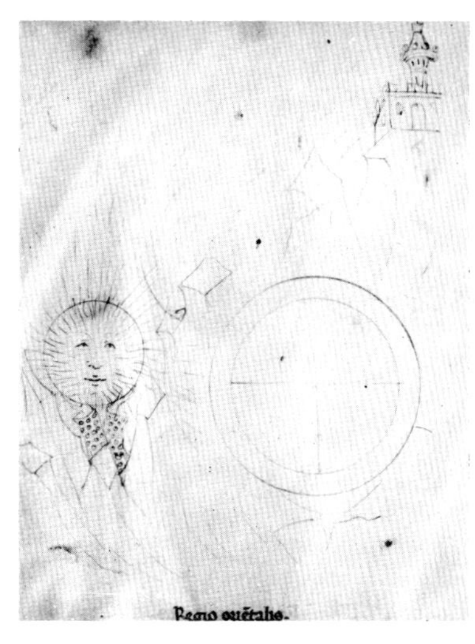

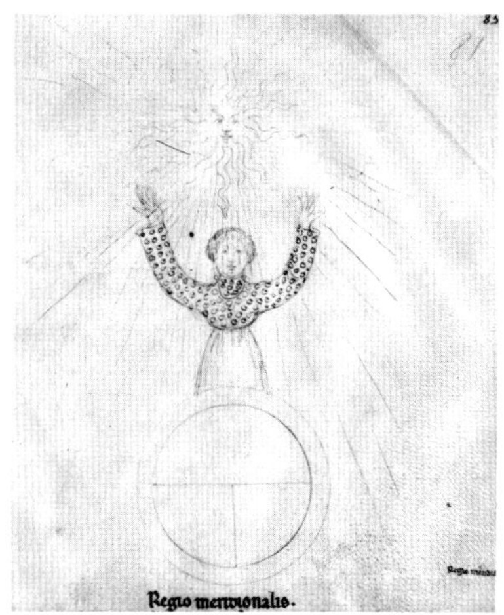

6. AUTUNPNUS · HERBST

eschaffenheit: von gemäßigter Temperatur. *orzuziehen* ist seine Mitte. *Nutzen:* wenn er u den Gegensätzen langsam vorschreitet. *chaden:* für gemäßigte Komplexionen schädich. *Verhütung des Schadens:* indem man dem ad befeuchtende Substanzen beigibt. fol. 81v]

7. HIEMPS · WINTER

eschaffenheit: kalt und feucht. *Vorzuziehen* st die Zeit, in der er sich dem Frühling ähert. *Nutzen:* er verbessert die Verdauung. *chaden:* er bringt Phlegma hervor. *Verhütung es Schadens:* indem man Speise und Trank rwärmt, mit schweren Kleidern oder Bädern. fol. 81v]

88. REGIO SEPTENTRIONALIS · NÖRDLICHE GEGEND

Beschaffenheit: kalt und trocken. *Vorzuziehen* ist jene, die gutes Wasser und eine fruchtbare Erdoberfläche hat. *Nutzen:* sie gibt Kraft und Klugheit. *Schaden:* sie ist für einen kleinen Brustkorb schädlich. *Verhütung des Schadens:* durch Mäßigung des Aufenthalts. [fol. 82v]

89. REGIO MERIDIONALIS · SÜDLICHE GEGEND

Beschaffenheit: warm und feucht. *Vorzuziehen* ist jene, die vom Meer entfernt und nahe dem Norden ist. *Nutzen:* sie gibt ein Gefühl der Weite. *Schaden:* schlecht für diejenigen, die an Röteln und Masern erkrankt sind. *Verhütung des Schadens:* indem man den Magen und den Kopf schützt. [fol. 83]

90. REGIO ORIENTALIS · ÖSTLICHE GEGEND

Beschaffenheit: gemäßigt. *Vorzuziehen* sind die nördlichen und südlichen angrenzenden Zonen. *Nutzen:* gut für beinahe alle Kräfte. *Schaden:* wenn sie zu hell ist. *Verhütung des Schadens:* mit schweren Speisen. [fol. 83v]

91. REGIO OCCIDENTALIS WESTLICHE GEGEND

Beschaffenheit: von schwankender Temperatur. *Vorzuziehen ... Nutzen: ... Schaden:* bewirkt Veränderungen der Komplexionen. *Verhütung des Schadens:* mit Dingen, die solches verhindern. [fol. 84]

B. DIE TACUINA VON PARIS, WIEN, ROUEN UND DAS THEATRUM VON ROM

92. ALBUKASEM DE BALDAC FILIUS HABADUM MEDICI COMPOSUIT HUNC LIBRUM ALBUKASEM DE BALDAC, SOHN DES ARZTES HABADUM, HAT DIESES BUCH VERFASST

Wir zählen hier die Namen aller in diesem Buch vorkommenden Weisen auf und bezeichnen jeden durch den ersten Buchstaben seines Namens.
Ypocras [Hippocrates] durch ein griechisches Y, *Galienus* [Galen] durch G, *Rufus* durch R, *Dioskorides* durch D, *Paulus* durch P, *Oreibasius* durch O, *Theodorus* durch T., *Johannes* durch Jo., *Maserice* [Macer] durch Ma., *Jesus* [Haly] durch Je., *Scirvindi* durch Schi., *Rasis* durch Ra., *Muscia* durch Mn., *Johannicus* [Johannicius] durch ein lateinisches J., *Ysach* [Isaac] durch Ys., *Albucasis* durch Al. Bedenke, daß die Heilkunde von vier Graden, nämlich dem 1., 2., 3. und 4. spricht, und nicht mehr. [Paris, fol. 1]

93. ELBOCHASIM DE BALDACH

[Wien, fol. 4]

)4. LIBER MAGISTRI UBUBCHASEM DE BALDACH
DAS BUCH DES MEISTERS UBUBCHASEM AUS BALDACH

Casanatense, fol. 1]

ELBOCHASIM DE BALDACH

Tacuinum sanitatis in medicina, ad narrandum sex res necessarias in narratione iuuamenti ciborum et potuum et indumentorum, nocumenti ipsorum. Et in remotione nocumentorum iuxta conscilia meliorum ex antiquis.

Tacuinum sanitatis de sex rebus, quae sunt necessarie cuilibet ad cotidianum conseruationem sanitatis sue cum suis rectificationibus et operationibus. Prima est praeparatio aeris, qui cor contingit. Secunda rectificatio cibi et potus. Tertia rectificatio motus et quietis. Quarta prohybitio corporis a sompno et uigiliis multis. Quinta rectificatio laxationis et constrictionis humorum. Sexta regulatio persone in moderatione gaudii, ire, timoris et angustie. Hijs enim modis equalitatis erit conseruatio sanitatis. Et remotio istorum sex ab hac equalitate facit egritudinem deo permittente glorioso et altissimo, et sub quolibet horum genere sunt plures species et plurimum necessarie, quarum dicemus naturas si deo placuerit. Dicemus etiam electiones conuenientes cuilibet secundum complexionem et etatem ipsius, et hec omnia ponemus in tabulis, eo quod multiloquia sapientium quandoque fastidiunt auditores et diuersitas multorum librorum oppositorum. Homines enim non uolunt de scientiis nisi iuuamenta. Non probationes, sice diffinitiones. Ideo intentio nostra in hoc libro est abreuiare sermones prolixos et aggregare modus diuersorum uerborum. Attamen nostri praepositi est non recedere a consciliis antecessorum ueridicorum. In hoc autem libro non posuimus a nobis nisi ordinationes et compilationes, abreuiationes interrogantium, et inductiones probationum ad fortificandam uirtutem uerborum. Nec uolumus sequi uoluntates hominum secundum diuersitates intellectus oppinionum ipsorum. Inuocamus itaque deum, ut rectificet intellectum nostrum, cum humana natura uix excludatur fallatijs, et tota narratio nostra est iuxta moderatem intentionem nostram, ad quae dominus deus confertet et auxilietur iuxta beneplacitum suum.

ELLBOCHASIM AUS BALDACH

Handbuch der Gesundheit in medizinischen Fragen, das die sechs notwendigen Dinge aufzählt, indem es darlegt, welchen Nutzen die Speisen und Getränke und die Kleider haben, welchen Schaden sie bringen können, und wie dieser Schaden verhütet wird, nach den Ratschlägen der besten alten Gewährsleute. Handbuch der Gesundheit über die sechs Dinge, die jedem Menschen notwendig sind zur täglichen Erhaltung seiner Gesundheit, mit ihrer rechten Anwendung und nach ihren Wirkungen. Das erste ist die Behandlung der Luft, die ans Herz dringt. Das zweite die rechte Anwendung von Speis Das zweite die rechte Anwendung von Speise und Trank. Das dritte die rechte Anwendung von Bewegung und Ruhe. Das vierte der Schutz des Körpers vor zuviel Schlaf oder Schlaflosigkeit. Das fünfte die rechte Behandlung im Flüssigmachen und im Zurückhalten der Säfte. Das sechste die rechte Ausbildung der eigenen Persönlichkeit durch Maßhalten in Freude, Zorn, Furcht und Angst. In diesen Arten des rechten Gleichgewichtes liegt die Erhaltung der Gesundheit. Und die Entfernung dieser sechs Dinge vom rechten Gleichgewicht bewirkt die Krankheit, da Gott, der herrliche und höchste, es so zuläßt. Und von jeder dieser Gattungen gibt es mehrere Arten, viele davon sehr wichtig; von ihnen allen werden wir die Natur angeben, wenn es Gott gefällt. Wir werden auch ansagen, was jeder nach seiner Complexion und seinem Lebensalter auswählen soll. Und das alles wollen wir auf übersichtliche Tafeln verteilen, da das viele Gerede der Weisen und die Vielfalt vieler einander entgegengesetzter Buchweisheiten oft genug die Zuhörer nur verwirren. Denn die Menschen wollen von den Wissenschaften nichts anderes als wirksame Hilfe, nicht aber Beweise oder Definitionen. Daher ist es unsere Absicht in diesem Buche, umständliches Gerede abzukürzen und verschiedene Redeweisen in Einklang zu bringen. Es ist aber auch unser Vorsatz, von den Ratschlägen unserer Vorgänger, die die Wahrheit gesagt haben, nicht abzuweichen. Von uns aus haben wir in diesem Buche nichts anderes festgelegt als die geordneten Übersichten, kurze Beantwortungen für die Fragesteller und Anführungen von Beweisen, um den Wert des Gesagten zu befestigen. Wir wollen auch nicht die Absichten der Menschen befolgen, wie sie je nach der Auffassung ihrer Meinung verschieden sind. Daher rufen wir Gott an, daß er unseren Verstand richtig führe, da die menschliche Natur allein kaum vor Irrtum bewahrt werden kann, und unsere Darlegung soll unseren bescheidenen guten Willen zeigen, wozu Gott der Herr uns bestärken und nach seinem Wohlgefallen behilflich sein möge. [Wien, fol. 4]

95. [Rouen, fol. 1]

96. ALEA · KNOBLAUCH

Beschaffenheit: warm im zweiten Grad, trokken im dritten. *Vorzuziehen* ist der nicht zu scharfe. *Nutzen:* hilft gegen Gifte. *Schaden:* für die austreibenden Kräfte und das Gehirn. *Verhütung des Schadens:* mit Essig und Öl. [Casanatense, fol. XLV]

97. ALEA · KNOBLAUCH

Beschaffenheit: warm im vierten und trocken im dritten Grad. *Vorzuziehen* ist nicht zu scharfer. *Nutzen:* er hilft gegen Gifte. *Schaden:* für die austreibenden Kräfte und das Gehirn. *Verhütung des Schadens:* mit Essig und Öl. [Rouen, fol 23]

98. AMIGDALE DULCES
SÜSSE MANDELN

Mandeln: von warmer und trockener Komplexion im zweiten Grad. *Vorzuziehen* sind große und süße. *Nutzen:* vor dem Trinken genossen schützen sie vor Trunkenheit und Angstzuständen und vertreiben Sommersprossen. *Schaden:* sie schaden den Eingeweiden. *Verhütung des Schadens:* mit Zucker und Mohn. *Was zu erzeugen:* Verdauungssäfte. Besonders zuträglich für Menschen mit kalter Komplexion, für Greise und Geschwächte, im Winter und in nördlichen Gegenden. [Wien, fol. 18 v]

99. ANATES ET ANSERES ·
ENTEN UND GÄNSE

Nach Hippocrates: von kalter und trockener Komplexion im zweiten Grad. *Vorzuziehen* an Qualität sind solche, die nach dem Ausbrüten im Nest bleiben. *Nutzen:* sie nähren magere Menschen. *Schaden:* sie füllen den Leib mit Überflüssigem. *Verhütung des Schadens:* indem man sie mit Öl bestreicht und mit vielen Kräutern füllt. [Paris, fol. 71v]

100. ANATES ET ANSERES ·
ENTEN UND GÄNSE

Beschaffenheit: warm und trocken im zweiten Grad. *Vorzuziehen* an Qualität sind jene, die nach dem Ausbrüten im Nest bleiben.*Nutzen:* sie machen Melancholiker fett. *Schaden:* sie füllen den Leib mit Überflüssigem. *Verhütung des Schadens:* indem man ihnen Borax in den Schnabel bläst, bevor sie geschlachtet werden. [Casanatense. fol. CXXXII]

101. ANETUM · DILLKRAUT

Beschaffenheit: warm und trocken im dritten Grad. *Vorzuziehen* ist grünes, frisches. *Nutzen:* sein Saft ist gut für den Magen. *Schaden:* es schadet den Nieren und verursacht durch seine Substanz Ekelgefühl im Magen. *Verhütung des Schadens:* mit Lemonellen. [Paris, fol. 40 v]

102. ANETI · DILLKRAUT

Beschaffenheit: warm und trocken im dritten Grad. *Vorzuziehen* grünes, frisches. *Nutzen:* es ist gut für einen säftereichen Magen. *Schaden:* es schadet den Nieren und verursacht durch seine Substanz Ekelgefühl im Magen. *Verhütung des Schadens:* mit Lemonellen. [Casanatense, fol. LVII]

103. APIUM · SELLERIE

Nach Albucasem: von warmer und kalter Beschaffenheit im ersten Grad. *Vorzuziehen* ist solcher aus Gartenbeeten. *Nutzen:* er öffnet Verstopfungen. *Schaden:* er verursacht Kopfweh. *Verhütung des Schadens:* mit Kopfsalat. [Paris, fol. 28v]

104. APIUM · SELLERIE

Sellerie: von warmer und trockener Komplexion im ersten Grad. *Vorzuziehen* ist solcher aus Gartenbeeten. *Nutzen:* er öffnet Verstopfungen. *Schaden:* er verursacht Kopfweh. *Verhütung des Schadens:* mit Kopfsalat. *Was er erzeugt:* mäßig viel Nährstoff. Gut für Menschen mit kalter Komplexion, für Greise, im Winter und in kalten Gegenden. [Wien, fol. 30]

105. AQUA ORDEI · GERSTENWASSE

Nach Hippocrates: von kalter und trockene Beschaffenheit im zweiten Grad. *Vorzuziehe* ist völlig abgekochtes, mildes. *Nutzen:* es is gut für eine warme Leber. *Schaden:* schädlic bei kalten Eingeweiden. *Verhütung des Scha dens:* mit Rosenzucker. [Paris, fol. 52]

106. AQUA ORDEY · GERSTENWASSE

Gerstenwasser: kalt und trocken im zweite Grad. *Vorzuziehen* ist völlig abgekochtes, mi des. *Nutzen:* gut für eine warme Leber. *Scha den:* schädlich für kalte Eingeweide. *Verhütun des Schadens:* mit Zucker. *Was es erzeugt* gemäßigtes Blut. Gut für Menschen mi warmer Komplexion, für junge Menscher im Sommer und in südlicher Gegend. [Wien, fol. 45]

07. AQUA SALSA · SALZWASSER

alzwasser: warme und trockene Komplexion n zweiten Grad. *Vorzuziehen* ist nicht bit-eres, fließendes. *Nutzen:* löst den Bauch und acht nachher trocken. *Schaden:* es verur-acht Jucken und schadet den Augen. *Ver-ütung des Schadens:* wenn man es mit gutem ehm mischt und nach dem Trinken gleich s Bad geht. *Was es erzeugt:* Durst und erstopfung. Besonders zuträglich für Men-hen mit kalter und feuchter Komplexion, r Geschwächte, im Winter und in kalten egenden. [Wien, fol. 88]

08. ARMONACA · APRIKOSEN

ach Albucasem: ... im zweiten Grad. *Vorzu-ehen* sind armenische, voll ausgereifte. *Nut-n:* sie rufen Erbrechen hervor. *Schaden:* e erkälten den Magen sehr. *Verhütung des chadens:* durch Erbrechen. [Paris, fol. 7v]

09. ARMONIACHA · APRIKOSEN

risomilla, d.s. armenische Aprikosen: kalte und uchte Komplexion im zweiten Grad. *Vor-ziehen* sind solche aus Armenien und Barni". *Nutzen:* sie rufen Erbrechen hervor. *chaden:* sie erkälten den Magen und verder-en leicht. *Verhütung des Schadens:* durch rbrechen. *Was sie erzeugen:* phlegmatisches lut. Sie sind besonders gut für mäßige emperamente, junge Menschen, zu Beginn es Sommers, in östlichen Gegenden. [Wien, l. 9v]

110. AUTUMNUS · HERBST

Beschaffenheit: alle Möglichkeiten. *Vorzuziehen* seine Mitte. *Nutzen:* wenn er sich den Gegen-sätzen langsam nähert. *Schaden:* ... bei ge-mäßigten Komplexionen. *Verhütung des Scha-dens:* mit befeuchtenden Stoffen im Bad. [Paris, fol. 103v]

111. AUTUMPNUS · HERBST

Beschaffenheit: alle Möglichkeiten. *Vorzuziehen* ist seine Mitte. *Nutzen:* wenn er langsam zu den Gegensätzen vorschreitet. *Schaden:* bei gemäßigten Komplexionen ist er schäd-lich. *Verhütung des Schadens:* mit befeuchten-den Stoffen im Bad. [Casantanese, fol. CII]

112. BRODIUM CICERUM · KICHERERBSENSUPPE

Nach Albucasem: von warmer und feuchter Beschaffenheit im zweiten Grad. *Vorzuziehen:* die aus Kichererbsen, Bohnen und süßer Milch bereitete. *Nutzen:* sie ist gut gegen Lähmung. *Schaden:* sie ist nicht gut bei Gallenleiden. *Verhütung des Schadens:* … [Paris, fol. 46]

113. CAMERE ESTUALES · SOMMERZIMMER

Beschaffenheit: (sie müssen) kalt und feucht (sein). *Vorzuziehen* jene, die Frühlingstemperaturen annehmen. *Nutzen:* sie mäßigen Komplexion und Verdauung. *Schaden:* sie mäßigen (die Auflösung) des Sommers. *Verhütung des Schadens:* mit Bädern. [Casanatense, fol. CLXXXVII]

114. CAMERE ESTUALES · SOMMERZIMMER

Beschaffenheit: gemäßigt kalt und feucht. *Vorzuziehen* sind jene, die Frühlingstemperatur annehmen. *Nutzen:* sie gleichen die Komplexion und die Verdauung einander an. *Schaden:* sie verhindern die Auflösung des Sommers. *Verhütung des Schadens:* mit Bädern. [Casanatense, fol. CLXXXVII]

115. CAMERE HYMALES · WINTERZIMMER

Beschaffenheit: (sie sollen) von gemäßigter Wärme (sein). *Vorzuziehen* sind solche, die dem Frühlingsende ähnlich sind. *Nutzen:* sie wekken die durch Kälte eingeschläferten Kräfte. *Schaden:* sie machen durstig und lassen die Speisen unverdaut niedersteigen. *Verhütung des Schadens:* indem man sie gegen nördliche Luft hin anlegt. [Paris, fol. 98v]

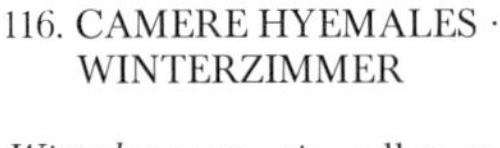

116. CAMERE HYEMALES · WINTERZIMMER

Winterkammern: sie sollen von gemäßigt Wärme sein. *Vorzuziehen* sind solche, die de Frühlingsende ähnlich sind. *Nutzen:* sie we ken die infolge der Kälte der Luft eing schläferten Kräfte. *Schaden:* sie rufen Du hervor und lassen die Speisen unverda niedersteigen. *Verhütung des Schadens:* inde man sie gegen die nördliche Luft hin a legt. Besonders zuträglich für Menschen n kalter Komplexion, Geschwächte, in sehr k ten Zeiten und gebirgigen Gegenden. [Wie fol. 97v]

117. CAPARI · KAPERN

Beschaffenheit: warm im dritten, trocken im zweiten Grad. *Vorzuziehen* zarte, frische. Nutzen: sie vermindern den Urin. *Schaden:* sie vermindern das Blut und das Sperma ... *Verhütung des Schadens:* mit Essig. [Paris, fol. 39]

118. CAPARI · KAPERN

Kapern: warme Komplexion im zweiten Grad. *Vorzuziehen* voll ausgewachsene, noch nicht offene aus Alexandria. *Nutzen:* sie stärken den Magen und den Appetit, öffnen Verstopfungen der Leber, der Milz und der Nieren, töten Würmer. *Schaden:* sie sind schwer verdaulich. *Verhütung des Schadens:* durch Abkochen, mit Öl, Essig und aromatischen Stoffen. *Was sie erzeugen:* warmes Blut. Besonders gut für Menschen mit warmer Komplexion, alte und junge Menschen, im Winter, in kalten Gegenden; wenn sie jedoch wie angegeben zubereitet werden, sind sie allen Komplexionen, Altersstufen und in jeder Gegend zuträglich. [Wien, fol. 24v]

119. CAPARI · KAPERN

Beschaffenheit: warm im dritten und trocken im zweiten Grad. *Vorzuziehen* zarte, frische. *Nutzen:* sie vermindern den Urin. *Schaden:* sie vermindern stark Blut und Sperma. *Verhütung des Schadens:* mit Essig. [Casanatense, fol. XLII]

120. CARNES ARIETUM · WIDDERFLEISCH

Beschaffenheit: warm und feucht im ersten Grad. *Vorzuziehen* sind einjährige, fette Tiere. *Nutzen:* es ist gut für einen gemäßigten Magen. *Schaden:* es verursacht Ekel, wenn man dafür anfällig ist. *Verhütung des Schadens:* mit zusammenziehenden Brühen. [Paris, fol. 61v]

121. CARNES ARIETUM · WIDDERFLEISCH

Beschaffenheit: warm und feucht im ersten Grad. *Vorzuziehen* sind einjährige, fette Tiere. *Nutzen:* es ist gut für einen gemäßigten Magen. *Schaden:* es verursacht Ekel, wenn man dafür anfällig ist. *Verhütung des Schadens:* mit herben Brühen. [Casanantense, fol. CXXXVIII]

122. CARNES CAPRORUM ET PULPE EDORUM · ZIEGENFLEISCH UND FLEISCH VON BÖCKEN

Nach Johannes: von gemäßigter warmer Beschaffenheit im zweiten Grad. *Vorzuziehen:* jenes von rötlichen, gegen Braun hin neigenden Böcken. *Nutzen:* es ist schnell verdaulich. *Schaden:* es verursacht Koliken, wenn es gebraten ist. *Verhütung des Schadens:* mit honiggesüßten Speisen. [Paris, fol. 62]

123. CARNES SUFRYXE · GERÖSTETES FLEISCH

Geröstetes Fleisch: warme und trockene Komplexion. *Vorzuziehen* ist gut abgeröstetes. *Nutzen:* gut für feuchte Körper und feuchte Mägen. *Schaden:* es macht durstig. *Verhütung des Schadens:* mit Mostsaft. *Was es erzeugt:* scharfes Blut. Besonders zuträglich für Menschen mit kalter und feuchter Komplexion, im Winter und im Norden. [Wien, fol. 75v]

124. CARNES SUFRITE · GERÖSTETES FLEISCH

Beschaffenheit: warm und ausgetrocknet. *Vorzuziehen* ist gut gekochtes und feuchtes. *Nutzen:* es verfeinert das Phlegma. *Schaden:* ruft Durst hervor. *Verhütung des Schadens:* mit gutem, jungen Wein. [Casanatense, fol. CXLIV]

125. CARNES VACINAE ET CAMELORUM · FLEISCH VON KÜHEN UND KAMELEN

Beschaffenheit: warm und trocken im zweiten Grad. *Vorzuziehen* Fleisch von jungen, zur Arbeit herangezogenen Tieren. *Nutzen:* es ist gut für körperlich Arbeitende und an Gallenfluß Leidende. *Schaden:* es ist bei allen melancholischen Krankheiten schädlich. *Verhütung des Schadens:* mit Ingwer und Pfeffer. (Casanatense, fol. CXLII]

126. CARNES VITULORUM · KALBFLEISCH

Beschaffenheit: von mäßiger Wärme im zweiten Grad. *Vorzuziehen* ist solches von Tieren, die erst vor kurzen geboren wurden. *Nutzen:* gut für Menschen, die körperlich arbeiten. *Schaden:* es ist schlecht für Milzleidende. *Verhütung des Schadens:* mit Bewegung und Bad. [Paris, fol. 62v]

127. CARNES VITULORUM · KALBFLEISCH

Kalbfleisch: warme und feuchte Komplexion im ersten Grad. *Vorzuziehen* von Tieren, die erst vor kurzem geboren wurden. *Nutzen:* es ist für körperlich Arbeitende gut. *Schaden:* es ist schlecht für Milzleidende. *Verhütung des Schadens:* mit Bewegung im Bad. *Was es erzeugt:* viel Nährstoff. Besonders gut für Menschen mit warmer Komplexion, für Jugendliche, im Frühling und im Süden. Nach Galen ist Kalbfleisch besser als Widderfleisch. [Wien, fol. 73v]

128. CASEUS RECENS · FRISCHER KÄSE

Nach Abulcasis: kalte und feuchte Beschaffenheit. *Vorzuziehen* ist jener aus temperierter Milch von gesunden Tieren. *Nutzen:* er erweicht und macht den Leib fett. *Schaden:* er verstopft. *Verhütung des Schadens:* mit Mandelkernen und Honig. [Paris, fol. 58v]

129. CASEUM VETUS · ALTER KÄSE

Beschaffenheit: warm und kalt. *Vorzuziehen* ist fetter und schmackhafter. *Nutzen:* gebraten stillt er den Fluß. *Schaden:* er erzeugt Steine und schädigt die Nieren. *Verhütung des Schadens:* indem man ihn zwischen zwei anderen Gerichten verzehrt. [Paris, fol. 59v]

130. CASTANEE · KASTANIEN

Nach Albucasem: warm und trocken im zweiten Grad. *Vorzuziehen* ... *Nutzen:* sie sind sehr nahrhaft, wenn sie gekocht werden ... *Schaden:* sie sind schwer verdaulich. *Verhütung des Schadens:* in Wasser gekocht und mit gutem Wein genossen. [Paris, fol. 11]

131. CASTANEE · KASTANIEN

Beschaffenheit: warm im ersten Grad und trocken im zweiten. *Vorzuziehen* sind vollreife Maroni aus Brianza. *Nutzen:* verstärken die geschlechtliche Potenz und sind sehr nahrhaft. *Schaden:* sie blähen und verursachen Kopfschmerzen. *Verhütung des Schadens:* indem man sie in Wasser kocht. [Casanatense, fol. XXIV]

132. CEPHALONES id est DACTILI · CEPHALONES, das sind DATTELN

Nach Johannes: von kalter Beschaffenheit im ersten Grad und trockener im zweiten. *Vorzuziehen* sind süße und frische. *Nutzen:* sie stärken die Eingeweide. *Schaden:* sie schaden der Brust und dem Hals. *Verhütung des Schadens:* mit (einer anderen Art) Datteln und Honigwaben. [Paris, fol. 16]

133. CEFALONES id est DATILI · CEPHALONES, das sind DATTELN

Beschaffenheit: kalt im ersten und trocken im zweiten Grad. *Vorzuziehen* süße und frische. *Nutzen:* sie stärken die Eingeweide. *Schaden:* sie schaden der Brust und dem Hals. *Verhütung des Schadens:* mit Datteln und Honigwaben. [Casanatense, fol. XXI]

134. CEPE · ZWIEBELN

Nach Rasis: warme Beschaffenheit im vierten Grad, feucht im dritten. *Vorzuziehen* weiße, wäßrige, saftreiche. *Nutzen:* sie treiben den Harn und stärken die geschlechtliche Potenz. *Schaden:* sie verursachen Kopfweh. *Verhütung des Schadens:* mit Essig und Milch. [Paris, fol. 24v]

135. CEPE · ZWIEBELN

Zwiebeln: warme Komplexion im vierten Grad, feuchte im dritten, nach anderen trokken. *Vorzuziehen* weiße, wäßrige, saftreiche. *Nutzen:* sie erweichen die Natur, treiben den Harn, stärken die geschlechtliche Potenz, schärfen den Gesichtssinn. *Schaden:* sie verursachen Kopfschmerzen. *Verhütung des Schadens:* mit Essig und Milch. *Was sie erzeugen:* Milch und Sperma. Gut für Menschen mit kalter Komplexion, für Geschwächte, im Winter und in nördlicher Gegend. [Wien, fol. 35v]

136. CEREXA ACCETOSA · SAUERKIRSCHEN

Beschaffenheit: . . . Vorzuziehen sind süße mi feiner Haut. *Nutzen:* gut sind sie für einer phlegmatischen Magen voller überflüssige Säfte. *Schaden:* sie werden langsam verdaut *Verhütung des Schadens:* indem man sie au nüchternen Magen ißt. [Paris, fol. 9v]

137. CEROSA ACETOSA · SAUERKIRSCHEN

Sauerkirschen: kalte Komplexion im dritten trockene im zweiten Grad. *Vorzuziehen* sinc solche, die sehr sauer sind. *Nutzen :* gut gegen Schärfe der Galle. Sie trocknen die überflüssigen Säfte des Magens aus unc stärken ihn. *Schaden :* sie sind schädlich fü Zähne und Nerven. *Verhütung des Schadens* mit süßen Mandeln und Rosinen. *Was si erzeugen :* guten Nährstoff. Besonders zuträglich für Menschen mit warmer Komplexion für Jugendliche und Kinder, im Somme und im Süden. [Wien, fol. 12]

38. CEREXA DULCIA ·
SÜSSE KIRSCHEN

eschaffenheit: kalt und feucht im ersten Grad. *orzuziehen* sind die reifen. *Nutzen:* sie durchuchten den Magen und erweichen den auch. *Schaden:* wenn man sie unmäßig ßt, schaden sie dem Magen. *Verhütung des chadens:* mit süßem Wein. [Paris, fol. 9]

39. CITONIA · QUITTEN

Beschaffenheit: kalt und trocken im zweiten rad. *Vorzuziehen* volle, große. *Nutzen:* sie un gut und regen an. *Schaden:* bei Neigung u Koliken. *Verhütung des Schadens:* mit süßen atteln. [Casanatense, fol. IX]

140. CONFABULATOR ·
GESPRÄCHSPARTNER

Beschaffenheit: er bringt einen zum Schlafen. *Vorzuziehen* ist einer, der der Natur dessen zusagt, der schlafen will. *Nutzen:* er ist gut für solche, die sich daran ergötzen. *Schaden:* wenn er langweilt. *Verhütung des Schadens:* durch Einschlafen. [Paris, fol. 90]

141. CUCUMERES ET CITRULI · GURKEN

Gurken: kalte und feuchte Komplexion im zweiten Grad. *Vorzuziehen* sind voll ausgewachsene, noch nicht zitronenfarbene. *Nutzen:* gut gegen brennende Fieber und harntreibend. *Schaden:* sie verursachen Magen- und Lendenweh. *Verhütung des Schadens:* mit Honig und Öl. *Was sie erzeugen:* wäßriges, nicht lobenswertes Blut. Zuträglich für Menschen mit warmer Komplexion, junge Menschen, im Sommer und in warmen Gegenden. [Wien, fol. 23v]

142. CUCUMERES ET CITRULI
GURKEN

Beschaffenheit: kalt und feucht im dritten Grad. *Vorzuziehen* voll ausgewachsene ... *Nutzen:* sie sind gut gegen brennende Fieber und harntreibend. *Schaden:* sie machen Lenden- und Magenweh. *Verhütung des Schadens:* mit Honig und Öl. [Casanatense, fol. XL]

143. CUCURBITE · KÜRBISSE

Nach Galenus: kalte und feuchte Beschaffenheit im zweiten Grad. *Vorzuziehen* sind frische, grüne. *Nutzen:* sie stillen den Durst. *Schaden:* sie verändern sich und verderben schnell. *Verhütung des Schadens:* mit Salzwasser und Senf. [Paris, fol. 36v]

144. CUCURBITE · KÜRBISSE

Beschaffenheit: kalt und feucht im zweiten Grad. *Vorzuziehen* sind frische, grüne. *Nutzen:* sie mäßigen den Durst. *Schaden:* sie verändern sich und verderben schnell. *Verhütung des Schadens:* mit Salzwasser und Senf. [Casanatense, fol. XXXVIII]

145. ENULA · ALANT

Beschaffenheit: warm und trocken im zweiten Grad. *Vorzuziehen* ist ihre Wurzel. *Nutzen:* er ist gut für den Mageneingang und reinigt die Brust. *Schaden:* er verursacht Kopfweh. *Verhütung des Schadens:* mit zubereitetem Koriander. [Paris, fol. 35]

146. ENULA · ALANT

Beschaffenheit: warm und trocken im zweiten Grad. *Vorzuziehen* ist die Alant-Wurzel vom Feld. *Nutzen:* sie stärkt den Mageneingang und reinigt die Brust. *Schaden:* sie macht Kopfschmerzen. *Verhütung des Schadens:* mit zubereitetem Koriander. [Casanatense, fol. LXIV]

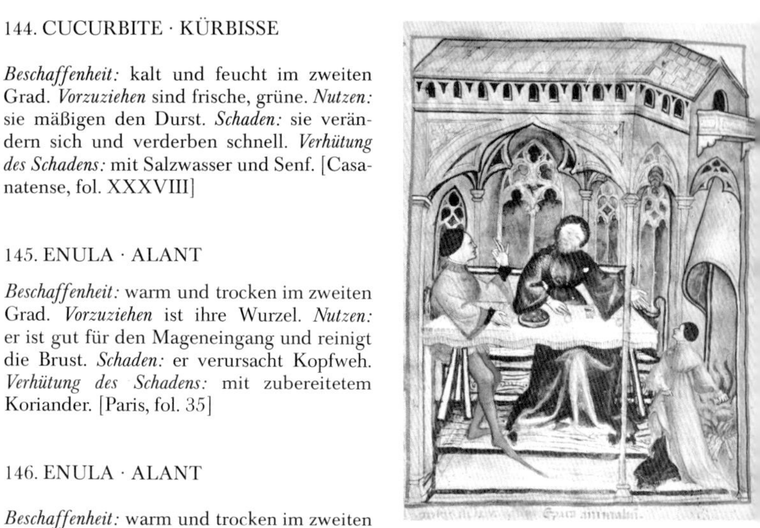

147. EPATA ANIMALIUM · LEBER VON TIEREN

Nach Albucasem: warme und feuchte Bescha fenheit im zweiten Grad. *Vorzuziehen* ist d Leber von fetten Gänsen. *Nutzen:* sie hi denen, die bei Nacht nichts sehen, beso ders die Leber von Ziegen. *Schaden:* schlec für ermüdete Mägen. *Verhütung des Schaden* mit Öl und Salz. [Paris, fol. 73v]

148. EPATA ANIMALIUM · LEBER VON TIEREN

Leber von Tieren: warme und feuchte Kon plexion im zweiten Grad. *Vorzuziehen* ist d Leber von Gänsen, die mit Milch und Tei waren gemästet wurden, dann Leber vo Hennen, dann von Schweinen, die mit Fe gen gemästet wurden. *Nutzen:* sie hilft dene die bei Nacht nichts sehen, besonders Ziege leber. *Schaden:* sie ermüdet den Magen, d sie schwer verdaulich ist. *Verhütung des Sch dens:* mit Öl und Salz. *Was sie erzeugt:* gute reines Blut. Zuträglich für Menschen m kalter Komplexion, Jugendliche, im Winte in nördlichen Gegenden. [Wien, fol. 80]

149. EQUITATORES · REITEN

Beschaffenheit: eine gemäßigte Bewegung. *Vorzuziehen* wenn es Schweiß hervorruft. *Nutzen:* ... *Schaden:* ... *Verhütung des Schadens:* mit feuchten Dingen. [Paris, fol. 93]

150. RUCULA · GARTENKRESSE

Nach Johannes: von warmer und feuchter Beschaffenheit im ersten Grad. *Vorzuziehen* ist solche, die weniger scharf ist. *Nutzen:* sie vermehrt das Sperma und regt die geschlechtliche Potenz an. *Schaden:* sie verursacht Migräne. *Verhütung des Schadens:* mit weichem Senf und Essig. [Paris, fol. 21v]

151. ERUCA ET NASTURTIUM · GARTENKRESSE

Gartenkresse: warme und feuchte Komplexion im ersten Grad. *Vorzuziehen:* solche, die besonders scharf ist. *Nutzen:* sie vermehrt das Sperma und regt die geschlechtliche Potenz an. *Schaden:* sie verursacht Migräne. *Verhütung des Schadens:* mit weichem Senf und Essig. *Was sie erzeugt:* scharfes Blut. Gut für Menschen mit kalter Komplexion, für Greise, im Winter und in nördlicher Gegend. [Wien, fol. 30 v]

152. ERUCA ET NASTURCIUM GARTENKRESSE

Beschaffenheit: warm und feucht im ersten Grad. *Vorzuziehen* wenn sie besonders scharf ist. *Nutzen:* sie vermehrt das Sperma und die geschlechtliche Potenz. *Schaden:* sie verursacht Migräne. *Verhütung des Schadens:* mit weichem Senf und Essig. [Casanatense, fol. LIV]

153. ESTAS · SOMMER

Beschaffenheit: warm im zweiten Grad. *Vorzuziehen* ist sein Anfang. *Nutzen:* er löst Überflüssigkeiten. *Schaden:* er behindert die Verdauung durch die Galle. *Verhütung des Schadens:* mit feuchter Abkühlung. [Casanatense, fol. CI]

154. FASIANI · FASANE

Beschaffenheit: gemäßigt warm und trocken. *Vorzuziehen* sind solche, die mit Weizen genährt sind und zu singen beginnen. *Nutzen:* gut für Menschen mit gemäßigten Komplexionen. *Schaden:* sie verlängern das viertägige Fieber. *Verhütung des Schadens:* mit Fettem [Paris, fol. 67]

155. FAXIANI · FASANE

Beschaffenheit: warm und trocken. *Vorzuziehen* sind solche, die mit Weizen genährt sind und zu singen beginnen. *Nutzen:* gut für Menschen mit gemäßigten Komplexionen. *Schaden:* sie verlängern das viertägige Fieber. *Verhütung des Schadens:* mit Fettem. [Casanatense, fol. CXXX]

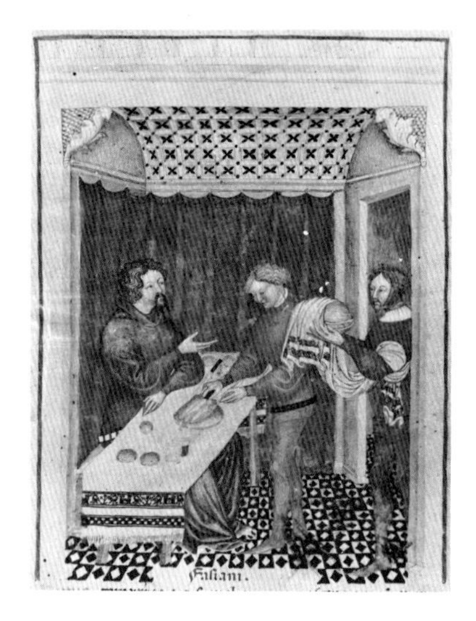

156. FENICULUM · FENCHEL

Beschaffenheit: warm und trocken im erste Grad. *Vorzuziehen:* Fenchel aus dem Haus garten. *Nutzen:* gut für die Augen und be Fieber. *Schaden:* er stört den Menstruations fluß. *Verhütung des Schadens:* mit Johannisbro [Paris, fol. 41]

157 FENICULUS · FENCHEL

Fenchel: warme Komplexion im dritten Grad trockene im zweiten, nach anderen warn und trocken im zweiten Grad. *Vorzuziehen* am besten ist frischer Fenchel aus dem Haus garten mit gutem, zur Schärfe neigender Geschmack. *Nutzen:* er hilft den Augen macht das Sehen klar, treibt Harn und Milch löst Windigkeiten. *Schaden:* er wird langsam verdaut. *Verhütung:* durch gutes Kauen un Zerstoßen.. *Was er erzeugt:* gallige Säfte. Zu träglich für Menschen mit kalter Komplexio für Greise, im Winter und wann er zu finde ist, in kalten und anderen Gegenden, w man ihn findet. [Wien, fol. 41 v]

58. FICHUS · FEIGEN

eschaffenheit: warm und feucht im ersten rad. *Vorzuziehen* sind weiße, geschälte. *utzen:* sie reinigen die Nieren und verfeinern en Sand. *Schaden:* sie blähen und machen ck. *Verhütung des Schadens:* mit Essigsirup der Salzwasser. [Casanatese, fol. II]

59. FURMENTUM · WEIZEN

ach Albucasem: warme und feuchte Beschaffnheit im zweiten Grad. *Vorzuziehen* sind olle, schwere Körner. *Nutzen:* er öffnet Gehwüre. *Schaden:* er verursacht Verstopfunen. *Verhütung des Schadens:* durch gute Zuereitung. [Paris, fol. 46 v]

160. GALLI · HÄHNE

Nach Macer: warme und trockene Beschaffenheit im zweiten Grad. *Vorzuziehen* sind solche mit gemäßigter Stimme. *Nutzen:* ihr Fleisch ist für Menschen, die an Kolik leiden, gut. *Schaden:* es ist schlecht für den Magen. *Verhütung des Schadens:* indem man die Tiere vor der Schlachtung ermüdet. [Paris, fol. 68 v]

161. GALLI · HÄHNE

Beschaffenheit: warm und trocken im zweiten Grad. *Vorzuziehen* sind solche mit gemäßigter Stimme. *Nutzen:* ihr Fleisch ist gut für Menschen, die an Kolik leiden. *Schaden:* es ist schlecht für den Magen. *Verhütung des Schadens:* indem man die Tiere vor der Schlachtung ermüdet. [Casanatense, fol. CXXIII]

162. GAMBARI · KREBSE

Beschaffenheit: warm und trocken im zweiten Grad. *Vorzuziehen:* zitronenfarbene, frische. *Nutzen:* sie vermehren die geschlechtliche Potenz. *Schaden:* sie stören den Schlaf. *Verhütung des Schadens:* indem man sie mit Mandeln und Olivenöl benetzt. [Paris, fol. 80]

163. GAMBARI · KREBSE

Beschaffenheit: warm und trocken im zweiten Grad. *Vorzuziehen:* zitronenfarbene, frische. *Nutzen:* sie vermehren die geschlechtliche Potenz. *Schaden:* sie stören den Schlaf. *Verhütung des Schadens:* durch Übergießen mit Mandelöl. [Casanatense, fol. CLX]

164. GLANDES · EICHELN

Beschaffenheit: kalt im zweiten und trocken im dritten Grad. *Vorzuziehen* sind die frischen, großen und vollständigen. *Nutzen:* sie stärken die zurückhaltenden Kräfte. *Schaden:* sie verhindern die Menstruation. *Verhütung des Schadens:* indem man sie geröstet und mit Zucker ißt. [Casanatense, fol. XX]

165. GRANATA ACETOSA · SAURE GRANATÄPFEL

Beschaffenheit: ... feucht im ersten Grad. *Vorzuziehen* sind wäßrige. *Nutzen:* sie sind gut für eine warme Leber. *Schaden:* sie schaden der Brust und der Stimme. *Verhütung des Schadens:* mit honiggesüßten Speisen. [Paris, fol. 5 v]

166. GRANATA ACCETOSA · SAURE GRANATÄPFEL

Saure Granatäpfel: kalte Komplexion. *Vorzuziehen:* solche, die sehr saftig sind. *Nutzen:* sie sind gut für eine warme Leber. *Schaden:* sie schaden der Brust. *Verhütung des Schadens:* durch Speisen, die mit Honig gesüßt sind. *Was sie erzeugen:* mäßige Nährstoffe. Besonders zuträglich für warme Naturen, für junge Menschen, im Sommer und in warmer Gegend. [Wien, fol. 7 v]

167. GRANATA DULCIA · SÜSSE GRANATÄPFEL

Nach Macer: warme Beschaffenheit im ersten Grad, feuchte im zweiten. *Vorzuziehen:* solche, die sehr saftig sind. *Nutzen:* sie sind gut gegen Husten und für die geschlechtliche Potenz. *Schaden:* sie verursachen Blähungen. *Verhütung des Schadens:* mit sauren Granatäpfeln. [Paris, fol. 5]

168. GRANATA DULCIA · SÜSSE GRANATÄPFEL

Beschaffenheit: warm im ersten und feucht ir zweiten Grad. *Vorzuziehen* sind die süßer großen. *Nutzen:* sie sind gut gegen Huste und für die geschlechtliche Potenz. *Schaden* sie verursachen Blähungen. *Verhütung de Schadens:* mit sauren Granatäpfeln. [Casanatense, fol. CXXXIII]

169. GRUES · KRANICHE

Nach Theodorus: von warmer und trockene Beschaffenheit im zweiten Grad. *Vorzuziehe* sind solche, die von einem Beizfalken gefar gen wurden. *Nutzen:* ihr Fleisch ist gut fü körperlich Arbeitende. *Schaden:* sie veru sachen schlechte Verdauung. *Verhütung de Schadens:* indem man sie mit warmen Sorte zubereitet. [Paris, fol. 70 v]

170. GRUES · KRANICHE

Beschaffenheit: warm und trocken im zweiten Grad. *Vorzuziehen* sind solche, die von einem Beizfalken gefangen wurden. *Nutzen:* gut für körperlich Arbeitende. *Schaden:* sie verursachen schlechte Verdauung. *Verhütung des Schadens:* durch Zubereitung mit warmen Stoffen. [Casanatense, fol. CXXXIII]

171. HYEMPS · WINTER

Beschaffenheit: kalt und feucht. *Vorzuziehen* ist die Zeit, die sich dem Frühling zuneigt. *Nutzen:* er verbessert die Verdauung. *Schaden:* er bringt Phlegma hervor. *Verhütung des Schadens:* mit Erwärmung, Feuer, Kleidern und Bädern. [Casanatense, fol. CIII]

172. VISCERA sive BUSECA · EINGEWEIDE

Nach Albucasem: kalte und trockene Beschaffenheit im zweiten Grad. *Vorzuziehen* sind Eingeweide von Widdern. *Nutzen:* gut für diejenigen, in deren Magen die Nahrung heiß wird. *Schaden:* nicht gut bei Krampfadern. *Verhütung des Schadens:* durch Speisen, die mit Galgant und Pfeffer zubereitet wurden. [Paris, fol. 74 v]

173. INTESTINA idest BUSECHA · EINGEWEIDE

Beschaffenheit: kalt und trocken im zweiten Grad. *Vorzuziehen:* Eingeweide von Widdern. *Nutzen:* gut für diejenigen, in deren Magen die Nahrung heiß wird. *Schaden:* schädlich bei Krampfadern. *Verhütung des Schadens:* durch Speisen, die mit Galgant und Pfeffer zubereitet wurden. [Casanatense, fol. CLVI]

174. IRA · ZORN

Beschaffenheit: er besteht in einem Aufwallen des Blutes im Herzen. *Vorzuziehen:* der Zorn, der (die Venen) dick macht und die verlorene Farbe erneuert. *Nutzen:* er ist gut gegen Paralyse und Schmerzen des Mundes. *Schaden:* er schadet demjenigen, die dem unerlaubten Wollen zustimmen. *Verhütung des Schadens:* mit philosophischer höfischer Zucht. [Paris, fol. 88]

175. IRA · ZORN

Zorn: seine Natur besteht im Aufwallen des Blutes um das Herz durch Rachegier. *Vorzuziehen* ist der Zorn, der das Blut nach außen treibt, die Venen anfüllt und dick macht und die verlorene Farbe wiedergibt. *Nutzen:* er ist gut gegen die Paralyse. *Schaden:* für Menschen, die unerlaubtem Wollen zustimmen, ist er schädlich, denn wenn er häufig auftritt, verursacht er gelbe Farbe, Zittern, Fieber, Angstzustände. *Verhütung:* mit philosophischer höfischer Zucht und Sitte. Besonders gut für Menschen mit kalter Komplexion, für Geschwächte, im Winter und in kalten Gegenden. [Wien, fol. 98 v]

176. IRA · ZORN

Beschaffenheit: er besteht in einer Aufwallung des Blutes im Herzen. *Vorzuziehen:* er macht (die Venen) dick und gibt verlorene Farbe wieder. *Nutzen:* er hilft gegen Paralysen und Schmerzen des Mundes. *Schaden:* er ist schlecht für Menschen, die unerlaubtem Wollen zustimmen. *Verhütung des Schadens:* mit philosophischer höfischer Zucht. [Casanatense, fol. CXC]

177. LAC COAGULATUM · GERONNENE MILCH

Geronnene Milch: kalte und feuchte Komplexion. *Vorzuziehen* ist solche von jungen Tieren. *Nutzen:* sie hilft gegen Blähungen des Magens. *Schaden:* sie beschwert den Magen. *Verhütung des Schadens:* mit Streuzucker und Salz. *Was sie erzeugt:* phlegmatisches Blut. Gut für Menschen mit warmer Komplexion, im Sommer und im Süden. [Wien, fol. 61 v]

178. LAC DULCE · SÜSSE MILCH

Nach Albucasem: mäßig warme Beschaffenheit *Vorzuziehen* ist Milch von jungen Schafen *Nutzen:* gut für Brust und Lunge. *Schaden* sie ist schädlich bei Fieber. *Verhütung de Schadens:* mit kernlosen Rosinen. [Paris, fol. 56 v]

179. LAC DULCE · SÜSSE MILCH

Süße Milch: nach allgemeiner Übereinstimmung gemäßigte Komplexion, zur warme hinneigend. *Vorzuziehen* ist Schafmilch *Nutzen:* für Brust und Lunge ist sie gu *Schaden:* schlecht bei Fieber und Kopfschmerzen. *Verhütung des Schadens:* mit Rosinen ohne Kerne. *Was sie erzeugt:* gute Nährstoffe. Zuträglich für Menschen mit gemäßigter Komplexion, für Heranwachsende, im Somme und in südlichen Gegenden. [Wien, fol. 59

80. LAC DULCE · SÜSSE MILCH

eschaffenheit: gemäßigt oder warm, wenn sie iß ist. *Vorzuziehen:* von jungen Schafen ge-onnene. *Nutzen:* sie ist gut für Brust und unge. *Schaden:* sie ist schädlich bei Fieber. *'erhütung des Schadens:* mit kernlosen Rosinen. Casanatense, fol. CXI]

81. LACTUCE · KOPFSALAT

'ach Johannicius: kalte und feuchte Beschaf-nheit im dritten Grad. *Vorzuziehen* ist voll-ntwickelter und zitronenfarbener. *Nutzen:* r beseitigt Schlaflosigkeit und Samenfluß. *'chaden:* er beeinträchtigt die geschlechtliche otenz und die Sehkraft. *Verhütung des Scha-ens:* durch Mischen mit Sellerie. Paris, fol. 28]

182. LACTUCE · KOPFSALAT

Beschaffenheit: kalt und feucht im dritten Grad. *Vorzuziehen* ist voll entwickelter, zitronenfarbener. *Nutzen:* er hilft gegen Schlaflosigkeit und Samenfluß. *Schaden:* er beeinträchtigt die geschlechtliche Potenz und die Sehkraft. *Verhütung des Schadens:* durch Mischen mit Sellerie. [Casanatense, fol. LI]

183. MAIORANA · MAJORAN

Beschaffenheit: warm und trocken im dritten Grad. *Vorzuziehen* ist der würzigste. Er stärkt Magen, Hirn und alle inneren Organe und öffnet Verstopfungen im Gehirn. *Schaden:* keiner, wenn man ihn nicht falsch gebraucht. [Paris, fol. 30]

184. MAIORANA · MAJORAN

Beschaffenheit: warm und trocken im dritten Grad. *Vorzuziehen* ist der würzigste. *Nutzen:* er stärkt das Gehirn und alle inneren Organe und öffnet Verstopfungen im Gehirn. *Schaden:* keiner, wenn man ihn nicht falsch gebraucht. [Casanatense, fol. CLX].

185. MALA ACCETOSA · SAURE ÄPFEL

Nach Theodorus: kalte und feuchte Beschaffenheit im zweiten Grad. *Vorzuziehen* sind … *Nutzen:* sie sind gut für Herzleidende. *Schaden:* für die Gelenke sind sie schädlich. *Verhütung des Schadens:* mit Zitronatwein. [Paris, fol. 7]

186. MALA ACETOSA · SAURE ÄPFEL

Beschaffenheit: kalt im zweiten und feucht im ersten Grad. *Vorzuziehen* sind saftreiche. *Nutzen:* sie sind gut für eine warme Leber. *Schaden:* sie sind schlecht für Brust und Stimme. *Verhütung des Schadens:* mit honiggesüßten Speisen. [Casanatense, fol. XI]

187. FRUCTUS MANDRAGORE · ALRAUNFRÜCHTE

Nach Johannes: kalte Beschaffenheit im dritten Grad und trockene im zweiten. *Vorzuziehen* sind große, duftende. *Nutzen:* ihr Duft ist gut gegen Kopfschmerzen, als Pflaster verwendet helfen sie gegen Elefantiasis und schwärzliche Hautinfektionen. *Schaden:* sie stumpfen die Sinnesempfindungen ab und machen schläfrig. *Verhütung des Schadens:* mit Efeufrüchten. [Paris, fol. 85]

188. FRUCTUS MANDRAGORE · ALRAUNFRÜCHTE

Beschaffenheit: kalt im dritten Grad, trocken im zweiten. *Vorzuziehen:* große, duftende. *Nutzen:* ihr Duft ist gut gegen Kopfschmerzen, als Pflaster aufgelegt helfen sie gegen Elefantiasis und schwärzliche Hautinfektionen. *Schaden:* sie stumpfen die Sinnesempfindungen ab und machen schläfrig. *Verhütung des Schadens:* mit Efeufrüchten. [Casanatense, fol. LXXIII]

189. MELITA · MOHRENHIRSE

Mohrenhirse: kalte und trockene Komplexion im ersten Grad. *Vorzuziehen* ist rötliche, gut reife und große. *Nutzen:* gut für schwer arbeitende Bergbauern. *Schaden:* sie wird langsam und schwer verdaut. *Verhütung des Schadens:* mit wohlriechenden Stoffen und viel Hefe. *Was sie erzeugt:* melancholische Säfte. Gut besonders für Landleute mit warmer Komplexion, junge Menschen, in kalten und gebirgigen Gegenden. [Wien, fol. 48 v]

190. MELEGA · MOHRENHIRSE

Beschaffenheit: kalt und trocken im zweiten Grad. *Vorzuziehen* ist die weiße. *Nutzen:* sie ist gut für Bauern und Schweine. *Schaden:* sie erzeugt Blähung und Melancholie. *Verhütung des Schadens:* durch Belebendes. [Casanatense, fol. CX]

91. MELONES DULCES ·
SÜSSE MELONEN

Jach Jesus: kalte Beschaffenheit im zweiten
Grad und feuchte im dritten. *Vorzuziehen* sind
olche aus Samarkand. *Nutzen:* sie zerbrechen
en Stein und reinigen die Haut. *Schaden:*
ie laxieren den Bauch. *Verhütung des Schadens:*
nit gutem Wein oder mit Essigsirup.
Paris, fol. 37]

92. MELONES DULCES·
SÜSSE MELONEN

eschaffenheit: kalt im zweiten und feucht
n dritten Grad. *Vorzuziehen:* solche aus
amarkand. *Nutzen:* sie zerbrechen den Stein
nd reinigen die Haut. *Schaden:* sie laxieren
en Bauch. *Verhütung des Schadens:* mit gutem
Vein oder Essigsirup.
Casanatense, fol. XXXV]

193. MELONES PALESINII ·
MELONEN AUS PALÄSTINA

Nach Albucasem: kalte und feuchte Beschaffenheit im zweiten Grad. *Vorzuziehen* sind süße, wäßrige. *Nutzen:* sie sind gut gegen akute Krankheiten. *Schaden:* sie schaden der Verdauung. *Verhütung des Schadens:* mit Gerstenzucker. [Paris, fol. 38]

194. MELONES INDI ET PALESTINI ·
MELONEN AUS INDIEN UND PALÄSTINA

Melonen aus Indien und Palästina, das sind zitronenfarbene, große und süße Melonen. *Beschaffenheit:* kalt und feucht im zweiten, nach anderen im dritten Grad. *Vorzuziehen:* große, süße und wäßrige. *Nutzen:* gut gegen akute und warme Erkrankungen. *Schaden:* sie verursachen, daß die Verdauung verhindert wird. *Verhütung:* mit Gerstenzucker oder Zucker. *Was sie erzeugen:* wäßriges Blut. Gut für Menschen mit warmer Komplexion, junge Menschen, im Sommer und in südlichen Gegenden. [Wien, fol. 22]

195. MELONES INSIPIDI ·
GESCHMACKLOSE MELONEN

Nach Galen: kalte und feuchte Beschaffenheit im ersten Grad. *Vorzuziehen* sind reife. *Nutzen:* sie treiben den Harn. *Schaden:* sie verursachen Schmerzen. *Verhütung des Schadens:* indem man Speise zu sich nimmt, nachdem man sie gegessen hat. [Paris, fol. 37 v]

196. MELONES INSIPIDE ·
GESCHMACKLOSE MELONEN

Beschaffenheit: kalt und feucht im dritten Grad. *Vorzuziehen* sind reife. *Nutzen:* sie treiben den Harn. *Schaden:* sie verursachen Schmerzen. *Verhütung des Schadens:* indem man Speise zu sich nimmt, nachdem man sie gegessen hat. [Casanatense, fol. XXXVI]

197. MILIUM · HIRSE

Hirse: kalte Komplexion im ersten, trockene im zweiten Grad. *Vorzuziehen:* frische, weiße und volle. *Nutzen:* sie ist gut für einen warmen Magen und kolischen Fluß des Bauches, löscht den Durst; besonders in Wasser gekochte. *Schaden:* sie schadet schwachem Magen und Eingeweiden. *Verhütung des Schadens:* gut gekocht und mit süßem Mandelöl und Zucker genossen. *Was sie erzeugt:* schweres und nicht gutes Blut. Zuträglich für Menschen mit warmer und feuchter Komplexion, für Jugendliche, im Sommer und in südlichen Gegenden. [Wien, fol. 47 v]

198. MILIUM · HIRSE

Beschaffenheit: kalt im ersten und trocken im zweiten Grad. *Vorzuziehen:* die gelb drei Monate auf dem Feld stand. *Nutzen:* gut für jene, die eine Abkühlung des Magens und eine Austrocknung überflüssiger Säfte wollen. *Schaden:* sie ist wenig nahrhaft. *Verhütung des Schadens:* indem man sie nahrhaften Zutaten ißt. [Casanatense, fol. LXXXVIII]

199. MUSTUM · MOST

Nach Albusacem: von warmer und feuchter Beschaffenheit im zweiten Grad. *Vorzuziehen* ist klarer, frischer, aus der Kelter gepreßter. *Nutzen:* er macht den Leib fett. *Schaden:* er verursacht Blähungen. *Verhütung des Schadens:* mit Granatapfelwein. [Paris, fol. 76]

200. NAPONES · KOHLRÜBEN

Kohlrüben: warme Komplexion im ersten, feuchte in der Mitte des zweiten Grades. *Vorzuziehen* süße, im Garten gewachsene, frische. *Nutzen:* sie treiben den Harn und den Sand. *Schaden:* sie verursachen Windigkeit und Blähung. *Verhütung des Schadens:* mit Pfeffer und aromatischen Zutaten. *Was sie erzeugen:* recht guten Nährstoff. Gut für Menschen mit kalter und trockener Komplexion, für jedes Lebensalter, im Herbst und im Norden. [Wien, fol. 51]

201. NAPONES · KOHLRÜBEN

Beschaffenheit: warm im zweiten und feucht im ersten Grad. *Vorzuziehen* sind lange, runzelige, dunkle. *Nutzen:* sie vermehren das Sperma und machen das Fleisch weniger anfällig für Blähungen. *Schaden:* sie schaden indem sie Gefäße und Poren verstopfen. *Verhütung des Schadens:* indem man sie zweimal wäscht und mit sehr fettem Fleisch kocht. [Casanatense, fol. XCVII]

202. NIX et GLACIES · SCHNEE UND EIS

Schnee und Eis: kalte und feuchte Komplexion im dritten Grad. *Vorzuziehen:* wenn sie aus süßem und gutem Wasser sind. *Nutzen:* sie fördern die Verdauung. *Schaden:* sie reizen zum Husten. *Verhütung des Schadens:* indem man vorher mäßig trinkt. *Was sie erzeugen:* Schmerzen in den Gelenken und Paralyse. Gut besonders für Menschen mit warmer Komplexion, für die Jungen, im Sommer, in südlichen Gegenden. [Wien, fol. 90]

203. NIX et GLACIES · SCHNEE UND EIS

Beschaffenheit: kalt und feucht im zweiten Grad. *Vorzuziehen:* wenn sie aus süßem Wasser entstehen. *Nutzen:* sie verbessern die Verdauung. *Schaden:* sie reizen zum Husten. *Verhütung des Schadens:* indem man vorher mäßig trinkt. [Casanatense, fol. CLXXIV]

204. ORDIUM · GERSTE

Nach Johannes: kalte und trockene Beschaffenheit im ersten Grad. *Vorzuziehen* ist nicht zu große, weiße. *Nutzen:* sie stärkt die austreibende Kraft und steigt schnell nieder. *Schaden:* sie verursacht schwachen Schmerz. *Verhütung des Schadens:* indem man die dörrt. [Paris, fol. 47v]

205. ORDIUM · GERSTE

Gerste: kate und trockene Komplexion im zweiten Grad. *Vorzuziehen:* weiße, große und frische. *Nutzen:* sie verstärkt die austreibende Kraft und steigt schnell nieder. *Schaden:* sie verursacht schwachen Schmerz. *Verhütung des Schadens:* indem man sie gut dörrt. *Was sie erzeugt:* gute Säfte. Zuträglich für Menschen mit warmer Komplexion, für die Jugend, im Sommer und in warmen Gegenden. [Wien, fol. 44]

206. OUA ANSERUM · GÄNSEEIER

Beschaffenheit: gemäßigt in der Wärme und grob. *Vorzuziehen* ist halb gebratene. *Nutzen:* gut für körperlich Arbeitende. *Schaden:* schlecht bei Neigung zu Koliken, bei Blähungen und Schwindelgefühl. *Verhütung des Schadens:* mit Origano und Salz. [Paris, fol. 61]

207. OUA ANSERUM · GÄNSEEIER

Beschaffenheit: gemäßigt in der Wärme und grob. *Vorzuziehen* sind halb gebratene. *Nutzen:* gut für körperlich Arbeitende. *Schaden:* schlecht bei Neigung zu Kolik, bei Blähungen und Schwindelgefühl. *Verhütung des Schadens:* mit Origano und Salz. [Casanatense, fol. CXXV]

208. OVA GALINARUM · HÜHNEREIER

Beschaffenheit: das Eiweiß ist kalt und feucht, der Dotter warm und feucht. *Vorzuziehen* sind frische, große. *Nutzen:* sie stärken die geschlechtliche Potenz und sind sehr nahrhaft. *Schaden:* sie verzögern die Verdauung und rufen Sommersprossen hervor. *Verhütung des Schadens:* indem man nur das Eigelb ißt. [Paris, fol. 60]

209. PANICUM · KOLBENHIRSE

Beschaffenheit: kalt und trocken im zweiten Grad. *Vorzuziehen* ist gut gereifte und volle. *Nutzen:* für warme und feuchte Körper gut. *Schaden:* sie versetzt in einen entzündlichen Zustand und zieht zusammen. *Verhütung des Schadens:* mit Gerstenzucker. [Paris, fol. 53]

210. PANICHUM · KOLBENHIRSE

Kolbenhirse: kalte Komplexion im ersten, trockene im zweiten Grad. *Vorzuziehen* wie oben bei Hirse. *Nutzen:* wie bei der Hirse, ebenso der Schaden und alles andere. [Wien, fol. 48]

211. PANIS AZIMUS · UNGESÄUERTES BROT

Nach Hippocrates: kalte und trockene Beschaffenheit im zweiten Grad. *Vorzuziehen* ist gut gesalzenes und gut gebackenes. *Nutzen:* es ist gut für Körper, die viel Salz haben. *Schaden:* es erzeugt Blähungen und Windigkeiten. *Verhütung des Schadens:* mit altem Wein. [Paris, fol. 55]

212. PANIS MILIJ · HIRSEBROT

Beschaffenheit: kalt und trocken im zweiter Grad. *Vorzuziehen* ist feines, gut gebackenes *Nutzen:* gut für sanguinische Körper. *Schaden* es erzeugt Hitze im Magen. *Verhütung de Schadens:* indem man es säuert und austrocknet. [Paris, fol. 56]

213. PANIS DE SILMILA idest PANIS ALRASSIMUS · BROT AUS WEIZENMEHL, das ist WEISSES BROT

Nach Hippocrates: von mäßiger Wärme im zweiten Grad. *Vorzuziehen* ist gut gebackenes, das zu Zitronenfarbe neigt. *Nutzen:* es macht den Leib fett. *Schaden:* es verstopft. *Verhütung des Schadens:* wenn es völlig durchsäuert ist. [Paris, fol. 54]

214. PANIS DE SIMILA i(dest) PANIS ALBUS · BROT AUS WEIZENMEHL, das ist WEISSES BROT

Beschaffenheit: von gemäßigter Wärme im zweiten Grad. *Vorzuziehen* ist gut gebackenes, zitronenfarbenes. *Nutzen:* es macht den Leib fett. *Schaden:* es verstopft die Eingeweide. *Verhütung des Schadens:* indem man es gut durchsäuert. [Casanatense, fol. CXIX]

215. PANIS SUB TESTO COCTUS · BROT, IN EINEM IRDENEN GEFÄSS GEBACKEN

Nach Johannes: von gemäßigt kalter Beschaffenheit im zweiten Grad. *Vorzuziehen* ist gesäuertes und feines. *Nutzen:* gut für Menschen, die körperliche Arbeit leisten. *Schaden:* es schwächt den Magen und erzeugt Steine. *Verhütung des Schadens:* mit Fleisch und Brühen. [Paris, fol. 55v]

216. PERDICES · REBHÜHNER

Nach Johannes: von mäßig warmer Beschaffenheit. *Vorzuziehen* sind fette, feuchte. *Nutzen:* gut für Genesende. *Schaden:* für jene, die gewöhnlich schwer tragen müssen. *Verhütung des Schadens:* indem man sie mit gesäuertem Teig kocht. [Paris, fol. 67v]

217. PERDICES · REBHÜHNER

Rebhühner: warm im zweiten Grad, von gemäßigter Feuchtigkeit. *Vorzuziehen* fette und etwas feuchte. *Nutzen:* sie sind gut für Rekonvaleszenten. *Schaden:* sie sind schlecht für Schwerarbeiter und Träger. *Verhütung des Schadens:* indem man sie mit gesäuertem Teig kocht. *Was sie erzeugen:* gutes Blut. Besonders zuträglich für eine gemäßigte Komplexion, für Kinder, Greise, im Frühling und in östlichen Gegenden. [Wien, fol. 67v]

218. PERSICA · PFIRSICHE

Nach Rufus: ... Beschaffenheit im zweiten Grad. *Vorzuziehen* sind Muschati-Pfirsiche. *Nutzen:* sie sind gut bei brennenden Fiebern. *Schaden:* sie verderben die Säfte. *Verhütung des Schadens:* mit duftendem Wein. [Paris, fol. 3v]

219. PORTULACA ET CITAREIA · PORTULAK

Beschaffenheit: kalt im dritten und feucht im ersten Grad. *Vorzuziehen* ist jener mit großen und zarten Blättern. *Nutzen:* gut zur Betäubung der Zähne; schädigt die Poren. *Schaden:* schlecht für die Spermabildung und die geschlechtliche Potenz. *Verhütung des Schadens:* mit Säften aus wildwachsenden Früchten. [Rouen, fol. 26]

220. SAVICH id est PILTES TRITICI · SAVICH, das ist WEIZENMUS

Beschaffenheit: warm und trocken im zweiten Grad. *Vorzuziehen* ist mäßig erwärmtes. *Nutzen:* es ist gut für feuchte Eingeweide. *Schaden:* es macht die Brust rauh. *Verhütung des Schadens:* indem man es mit warmen Wasser mischt. [Casanatense, fol. LXXXI]

221. RECOCTA · MOLKENKÄSE

Molkenkäse: kalte und feuchte Komplexion. *Vorzuziehen* ist aus reiner Milch gewonnener. *Nutzen:* er nährt und macht fett. *Schaden:* er verstopft und ist schwer verdaulich. *Verhütung des Schadens:* mit Butter und Honig. *Was er erzeugt:* schweres Blut. Besonders gut für Menschen mit warmer Komplexion, für starke Menschen und junge, zu Beginn des Sommers und in gebirgigen Gegenden. [Wien, fol. 62]

222. RIZON · REIS

Nach Johannes: warme und trockene Beschaffenheit im zweiten Grad. *Vorzuziehen* perlenartiger, der beim Kochen aufgeht. *Nutzen:* er hilft gegen Magenbrennen. *Schaden:* bei Gallenleiden ist er schädlich. *Verhütung des Schadens:* mit Öl und Milch. [Paris, fol. 48]

223. PANIS RIZON · REISBROT

Beschaffenheit: kalt und trocken im zweiten Grad. *Vorzuziehen* das aus perlenartigem Reis gebackene. *Nutzen:* es gibt dem Gesicht eine gute Farbe und macht den Leib fett. *Schaden:* es ist schwer verdaulich. *Verhütung des Schadens:* mit körperlicher Bewegung und Bad. [Rouen, fol. 35v]

224. SALUIA · SALBEI

Beschaffenheit: warm und feucht im zweiten Grad. *Vorzuziehen* ist jener aus dem Hausgarten. *Nutzen:* er ist gut gegen Paralysen und für die Nerven. *Schaden:* er macht die Haare dunkler. *Verhütung des Schadens:* mit Myrthen- und orientalischem Krokuswasser. [Paris, fol. 34]

225. SALUIA · SALBEI

Salbei: warme Komplexion im ersten, trokken im zweiten Grad. *Vorzuziehen* ist jener aus dem Hausgarten; der grüne aus dem Wald ist jedoch stärker erwärmend. *Nutzen:* für den Magen und bei kalten Erkrankungen der Nerven ist er gut. *Schaden:* er steigt langsam nieder. *Verhütung des Schadens:* mit gekochtem Honig. *Was er erzeugt:* schweres, einigermaßen warmes Blut. Zuträglich für Menschen mit kalter Komplexion, für Greise, im Winter und in kalten Gegenden. [Wien, fol. 37 v]

226. SILIGO · WINTERWEIZEN

Beschaffenheit: kalt und trocken im ersten Grad. *Vorzuziehen* ist voller, ganz reifer. *Nutzen:* er nimmt den Säften die Schärfe. *Schaden:* schlecht für jene, die an Koliken und Melancholie leiden. *Verhütung des Schadens:* mit viel Hefe. [Paris, fol. 47]

227. SILIGO · WINTERWEIZEN

Winterweizen: kalte und trockene Komplexion im zweiten Grad. *Vorzuziehen* frischer großer und voll ausgewachsener. *Nutzen:* er unterdrückt die Schärfe der Säfte. *Schaden:* er wird schwer verdaut. *Verhütung des Schadens:* mit viel Hefe. *Was er erzeugt:* schwere, verstopfende Säfte. Besonders gut für Menschen mit warmer Komplexion, für starke Schwerarbeiter, junge Menschen, im Winter, in nördlichen Gegenden und im Gebirge. [Wien, fol. 46v]

228. SPELTA · SPELT

Beschaffenheit: gemäßigter Natur. *Vorzuziehen* schwerer und gewichtiger. *Nutzen:* er ist gut für die Brust, die Lunge und gegen Husten. *Schaden:* er schadet dem Magen und verwirrt den Geist. *Verhütung des Schadens:* ... [Paris, fol. 48 v]

229. SPELTA · SPELT

Spelt: warme, gemäßigte Komplexion. *Vorzuziehen* ist schwerer, gewichtiger und vollreifer. *Nutzen:* er ist gut für Brust und Lunge und gegen Husten. *Schaden:* schädlich für einen schwachen Magen; weniger nahrhaft als Weizen. *Verhütung des Schadens:* indem man ihn mit Anis ißt. *Was er erzeugt:* gutes Blut. Zuträglich besonders für gemäßigte Komplexion, in jedem Lebensalter, im Winter und (...) Gegenden. [Wien, fol. 47]

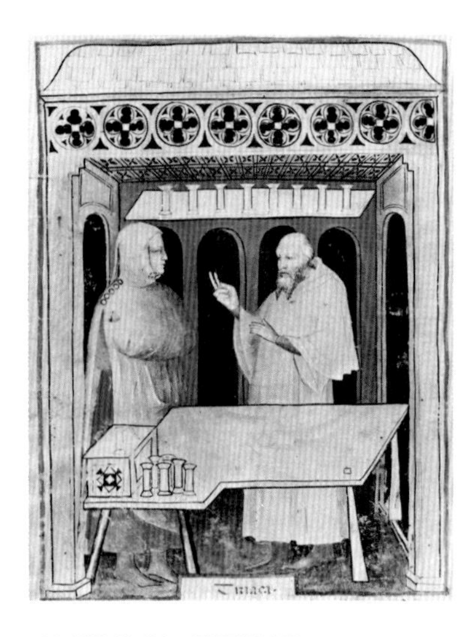

230. TIRIACA · THERIAK

Beschaffenheit: warm und trocken. *Vorzuziehen ... Nutzen:* gut gegen Gifte und warme und kalte Krankheiten. *Schaden:* er verursacht Schlaflosigkeit. *Verhütung des Schadens:* mit abkühlenden Stoffen ... sowie Gerstenwasser. [Paris, fol. 87v]

231. TRIACHA · THERIAK

Beschaffenheit: warm und trocken. *Vorzuziehen ... Nutzen:* gut gegen Gifte und warme Schwellungen. *Schaden:* er verursacht Schlaflosigkeit. *Verhütung des Schadens:* mit abkühlenden Stoffen wie Gerstenwasser. [Casanatense, fol. C]

232. FORMENTINI · TEIGWAREN

Nach Albucasem: kalt und feucht im zweiten Grad. *Vorzuziehen* vollständig ausgearbeitete. *Nutzen:* gut für Brust und Hals. *Schaden:* schlecht für schwache Eingeweide. *Verhütung des Schadens:* mit Gerstenzucker. [Paris, fol. 50]

233. TRIJ · TEIGWAREN

Beschaffenheit: warm und feucht im zweite Grad. *Vorzuziehen* vollständig ausgearbeitete *Nutzen:* sie sind gut für Brust und Hal *Schaden:* schlecht bei schwachen Eingewei den. *Verhütung des Schadens:* mit Gersten zucker. [Casanatense. fol. LXXXIV]

234. UUE · WEINTRAUBEN

Nach Johannes: warm im ersten Grad und feucht im zweiten. *Vorzuziehen . . .* und saft reiche, vor Giften geschützte. *Nutzen:* sie nähren, reinigen und machen fett. *Schaden* sie machen durstig. *Verhütung des Schadens* mit sauren Granatäpfeln. [Paris, fol. 2]

235. UUE · WEINTRAUBEN

Weintrauben: warme Komplexion im ersten, feuchte im zweiten Grad. *Vorzuziehen* sind weiße, mit dünner Haut und viel Saft. *Nutzen:* sie reinigen den Bauch und beschleunigen das Fettwerden. *Schaden:* sie machen durstig. *Verhütung des Schadens:* mit sauren Granatäpfeln. *Was sie hervorbringen:* gutes Blut. Besonders zuträglich sind sie den von Natur Kalten, den Geschwächten, zur Herbstzeit, in nördlicher Gegend. [Wien, fol. 5]

236. VENTUS OCCIDENTALIS · WESTWIND

Westwind: von gemäßigt trockener Komplexion im zweiten Grad, nach anderen im ersten. *Vorzuziehen* ist der sich vom Norden her drehende. *Nutzen:* er fördert die Verdauung. *Schaden:* er schadet, indem er Zittern und Kälte bringt. *Verhütung des Schadens:* mit Erwärmung und Tüchern. Gut für gemäßigte Komplexionen, jedes Lebensalter, im Frühling, in östlicher Gegend. [Wien, fol. 57v]

237. VENTUS ORIENTALIS · OSTWIND

Ostwind: gemäßigt warme Komplexion im zweiten Grad. *Vorzuziehen* ist Ostwind, der über Wiesen und durch regnerische Gebiete zieht. *Nutzen:* er vermehrt die Geister. *Schaden:* er schadet den Augen und der Nase. *Verhütung des Schadens:* mit Blumenwasser. Gut für gemäßigte Menschen jeden Alters, im Frühling, in östlicher Gegend. [Wien, fol. 57]

238. VENTUS SEPTENTRIONALIS · NORDWIND

Nordwind: kalte Komplexion im dritten Grad, trockene im zweiten Grad. *Vorzuziehen* ist Nordwind, der über süße Gewässer streicht. *Nutzen:* er klärt die Sinne. *Schaden:* er schadet der Brust und verursacht Husten. *Verhütung des Schadens:* mit Bad und Kleidern. Gut für Menschen mit warmer und feuchter Komplexion, für junge Menschen, im Sommer und im Süden. [Wien, fol. 58v]

239. VER · FRÜHLING

Frühling: warme, gemäßigt feuchte Komplexion im zweiten Grad. *Vorzuziehen* ist seine Mitte. *Nutzen:* ganz allgemein gut für Tiere und alles, was aus der Erde wächst. *Schaden:* er schadet feuchten Körpern, da er in ihnen Fäulnis erzeugt. *Verhütung des Schadens:* indem man den Körper reinigt. In ihm werden gute Säfte und viel Blut erzeugt. Zuträglich für Menschen mit kalter, trockener und gemässigter Komplexion, für junge und andere, in gemäßigten und beinahe in allen Gegenden. [Wien, fol. 55]

240. VINUM CITRINUM · ZITRONENFARBENER WEIN

Scharfer zitronenfarbener Wein: warme und trockene Komplexion im zweiten Grad. *Vorzuziehen* ist einjähriger, klarer. *Nutzen:* er ist gut gegen Gifte, besonders kalte. *Schaden:* er mindert die geschlechtliche Potenz. *Verhütung des Schadens:* mit sauren Quitten. *Was er erzeugt:* scharfe Gallensäfte. Besonders zuträglich für Meschen mit kalter Komplexion, Geschwächte, im Frühling und in nördlichen Gegenden. [Wien, fol. 87v]

241. VIOLE · VEILCHEN

Veilchen: kalte Komplexion im ersten, feuchte im zweiten Grad. *Vorzuziehen* sind lazulisblaue mit vielen Blättern. *Nutzen:* gut duftende, die bei Frenesis getrunken werden, reinigen die Galle. *Schaden:* sie schaden, weil sie durch ihre Kälte Katarrh hervorrufen. *Was sie erzeugen:* nichts. Gut für Menschen mit warmer und trockener Komplexion, für Jugendliche, im Sommer und in südlichen Gegenden. [Wien, fol. 39]

242. UOMITUS · ERBRECHEN

Beschaffenheit: Heraustreten von Säften entgegen dem Weg der Speise. *Vorzuziehen:* wenn es leicht geschieht, weil man eine breite Brust hat. *Nutzen:* es ist gut für den Magen und die unteren Körperteile. *Schaden:* schädlich für das Gehirn und bei enger Brust. *Verhütung des Schadens:* durch Verbinden der Augen und andere geeignete Mittel. [Paris, fol. 89]

243. UOMITUS · ERBRECHEN

Beschaffenheit: Heraustreten von Säften auf dem Weg, den die Speise nimmt. *Vorzuziehen* wenn es leicht geschieht, weil man eine breite Brust hat. *Nutzen:* es ist gut für den Magen und die unteren Körperteile. *Schaden:* schädlich für das Gehirn und bei enger Brust. *Verhütung des Schadens:* durch Verbinden der Augen und andere geeignete Mittel. [Casanatense, fol. CXCII]

ANHANG

KONKORDANZ

Die Zahlen weisen auf die entsprechenden Tafeln der einzelnen Codices hin. Die Nummern mit * des Codex von Rouen sind Hinweise auf Seiten ohne Illustrationen.

	Wien	Rom	Paris	Lüttich	Rouen
Absintium	37	LXVII	33*v*	15*v*	—
Acetum	85*v*	CLXIV	77*v*	58*v*	—
Adeps et pinguedo	81*v*	CLV	75	49	—
Aer epidinicus	—	—	101	36*v*	51*
Agrestum	85	CLXIII	75*v*	56	—
Alae et colla	—	—	—	—	36*v*
Alea	26	XLV	25	—	23
Ambra	84*v*	CLXII	—	—	—
Amidum	—	—	—	32	—
Amigdale amare	—	—	10	—	33
Amigdale dulces	18*v*	XXIX	10*v*	9*v*	32*v*
Amilum	43	LXXIX	49*v*	—	—
Anates et anseres	69*v*	CXXXII	71*v*	55	—
Aneti	32	LVII	40*v*	—	13
Anguille	—	—	—	61*v*	39*
Animalia castrata	71	CXXXIV	65	45	—
Anisum	41	LXXV	23*v*	22	—
Apium	30	LIII	28*v*	—	11
Aqua aliminoxa	90*v*	CLXXIII	98	—	—
Aqua calida	89	CLXXII	97	—	—
Aqua caliditatis nimie	—	—	—	—	43*
Aqua canphore	—	—	—	—	45*
Aqua delectabilis caliditatis	—	—	—	76	42*
Aqua excellentis frigiditatis	—	—	—	—	41*v**
Aqua fontium	88*v*	CLXIX	94	74	—
Aqua frigida	—	—	—	—	42*v**
Aqua ordei	45	LXXXIII	52	—	—
Aqua pluuialis	89*v*	CLXXI	93*v*	74*v*	—
Aqua rosacea	93	CLXXVII	—	—	—
Aqua salsa	88	CLXX	97*v*	76*v*	—
Armoniaca	9*v*	XII	7*v*	7	6*v*
Assum in aere	—	—	—	—	38*v**
Assum super carbones	—	—	—	—	38*
Auicule et durdi	106*v*	CCVIII	72	55*v*	52*
Autumpnus	54*v*	CII	103*v*	81*v*	—
Avelane	17*v*	XXV	11*v*	—	31*v*
Avena	—	—	49	30*v*	—
Bacha lauri	18	XXVI	20	—	32
Balneum	—	—	—	75*v*	41*
Basilicum citratum	39*v*	LXXII	22*v*	10*v*	—
Blete	27*v*	XLVIII	27	—	24*v*
Brodium cicerum	—	—	46	27*v*	—
Brugna	6	V	4	3*v*	3
Butirum	61	CXV	58	39	—
Camamille	—	—	80*v*	63	—
Camere et aer ipsius	—	—	—	78	50*v**
Camere estivales	97	CLXXXVII	99	77*v*	—
Camere hyemales	97*v*	CLXXXVIII	98*v*	77	—
Camphora	94	CLXXXII	—	—	—
Cana melle	92*v*	CLXXVIII	—	—	—
Candele	95*v*	CLXXXVI	—	—	—
Candi	—	—	81*v*	62*v*	—
Cantus	103	CCIII	85*v*	—	—
Capari	24*v*	XLII	39	21	21*v*

	Wien	Rom	Paris	Lüttich	Rouen
Capita animalium	76*v*	CXLVI	73	—	—
Carnes arietum	72*v*	CXXXVIII	61*v*	42	—
Carnes caprarum et proprie edorum	73	CXXXIX	62	43	—
Carnes gazelarum (Carnes capreolorum silvestrium)	71*v*	CXXXVI	64	45*v*	—
Carnes leporine	72	CXXXVII	64*v*	46	—
Carnes leporinae et silvestrium	—	—	91*v*	—	—
Carnes porcine	74*v*	CXLI	63*v*	44*v*	—
Carnes salite sicce	75	CXLIII	66	48	—
Carnes sufryxe	75*v*	CXLIV	—	—	—
Carnes sufrixe recentes	—	—	—	47	—
Carnes sufrixe salite	—	—	—	47*v*	—
Carnes uachine et camelorum	74	CXLII	63	44	—
Carnes vitulorum	73*v*	CXL	62*v*	43*v*	—
Carube	14*v*	XIX	13*v*	—	28*v*
Caseus recens	60	CXIII	58*v*	39*v*	—
Caseus vetus	60*v*	CXIV	59*v*	40 e 41	—
Casia fulnis	—	—	—	86	—
Castanee	17	XXIV	11	—	31
Caules	—	—	27*v*	—	44*v**
Caules idest verze	—	—	29	—	—
Caules onati	23	XXXIX	—	—	20
Cefalones id est datili	12*v*	XXXI	16	—	25*v*
Cepe	25*v*	XLIV	24*v*	—	22*v*
Cerebra animalium	77	CXLVII	—	—	—
Cerosa acetosa	12	XVII	9*v*	8*v*	25
Cerosa dulcia	11*v*	XVI	9	9	8*v*
Cetrona	20	XXVII	18*v*	—	34*v*
Cicera	49	XCI	43*v*	24*v*	—
Citonia	8	IX	6	5*v*	5
Citra	19	XXX	15*v* e 18	82*v*	34
Coitus	—	CXCVI	100*v*	69*v*	—
Coliandorum	—	—	—	13*v*	—
Confabulationes in sompnis	101	CXCV	90*v*	68*v*	—
Confabulator	100*v*	CXCIII	90	68	—
Corda animalium	78*v*	CL	—	—	—
Coria seu cutes	—	—	—	—	39*v**
Coriandrum	—	—	31*v*	—	—
Conturnices	—	—	72*v*	—	37*v**
Crochus	40*v*	LXXIV	—	—	—
Cucumeres et citruli	23*v*	XL	38*v*	20*v*	20*v*
Cucurbite	22*v*	XXXVIII	36*v*	18*v*	19*v*
Ebrietas	99	CXCI	88*v*	66*v*	—
Enula	35*v*	LXIV	35	17*v*	16*v*
Epata animalium	80	CLIII	73*v*	50	—
Equitatio	102	CXCVIII	93	71*v*	—
Eruca et Nasturtium (Rucola)	30*v*	LIV	21*v*	10	11*v*
Estas	54	CI	—	81	—
Exercitium lene	—	—	—	71	50*
Exercitium moderatum cum pila	—	—	—	—	49*v**
Faba	49*v*	XCII	44	25	—
Faxani	68*v*	CXXX	67	52*v*	—
Faxioli	50*v*	XCIV	44*v*	26	—
Feniculus	41*v*	LXXVI	41	22*v*	—
Festuce	—	—	19	—	—
Fichus	4*v*	II	1*v*		1*v*
Ficus sice	56*v*	CV	2*v*	—	—
Foca ordeaceum, idest al certusia	—	—	—	—	48*v**
Fructus mandragore	40	LXXIII	85	16*v*	—
Frumentum	42*v*	LXXVIII	46*v*	28	—

	Wien	Rom	Paris	Lüttich	Rouen
Frumentum elixum	53	XCIX	51	33*v*	—
Funghi	—	—	—	85*v*	—
Galenga	32*v*	LVIII	40	—	13*v*
Galli	65	CXXIII	68*v*	54	—
Galline	—	—	69	50*v*	36*
Gambari	83	CLX	80	61	—
Gaudia	104*v*	CCIV	—	65	—
Geletina	76	CXLV	65*v*	46*v*	—
Glandes	15	XX	—	—	29
Granata acetosa	7*v*	VIII	5*v*	5	4*v*
Granata dulcia	7	VII	5	4*v*	4
Grues	70*v*	CXXXIII	70*v*	52	—
Herba piretri	29*v*	LII	21	—	10*v*
Hyemps	55	CIII	102	82	—
Intestina, id est busecha	81	CLVI	74*v*	48*v*	—
Ira	98*v*	CXC	88	66	—
Juiube	15*v*	XXI	13	—	29*v*
Jumpenis	—	—	—	85	—
Lac acetosum	59*v*	CXII	57	38	—
Lac coagulatum (Juncata)	61*v*	CXVI	57*v*	38*v*	—
Lac dulce	59	CXI	56*v*	37*v*	—
Lactuce	29	LI	28	—	10
Lamprete	84	CLXI	79*v*	60*v*	—
Langune	—	—	—	19*v*	—
Lentes	—	—	45	26*v*	—
Lilia	38*v*	LXX	84	12	—
Liquiritia	42	LXXVII	41*v*	18	—
Lisergia	—	—	—	25*v*	—
Liuistichum	36	LXV	32*v*	14*v*	—
Luctatio	96*v*	CLXXXV	95*v*	72	—
Lupini	51*v*	XCVIII	45*v*	27	—
Maiorana	33*v*	LX	30	—	14*v*
Mala acetosa	9	XI	7	6*v*	6
Mala dulcia	8*v*	X	6*v*	6	5*v*
Marubium	36*v*	LXVI	33	15	—
Mel	94*v*	CLXXXI	82	63*v*	—
Melita (Melega)	48*v*	XC	53*v*	—	—
Melones dulces	21	XXXV	37	20	18
Melones indi et palestini	22	XXXVII	38	—	19
Melones insipidi	21*v*	XXXVI	37*v*	19	18*v*
Melongiana	31*v*	XLI	25*v*	—	21
Menta	34	LXI	30*v*	—	15
Mesch, id est Cicerchia	50	XCIII	36	—	—
Milium	47*v*	LXXXVIII	52*v*	31	—
Mirtus	—	—	20*v*	—	—
Mora acerba	—	—	19*v*	—	—
Motus	102*v*	CCII	92	70	—
Muscus	93*v*	CLXXX	—	—	—
Musse	20*v*	XXXIV	17	—	17*v*
Mustum	—	—	76	56*v*	—
Nabach id est Cedrum	11	XV	—	—	8
Napones	51	XCVII	43	24	—
Nespula	10*v*	XIV	8*v*	8	7*v*
Nix et glacies	90	CLXXIV	96*v*	75	—
Nuces	16	XXII	12	—	30
Nux indie	14	XVIII	12*v*	—	28
Oculi animalium	77*v*	CXLVIII	—	—	—
Oleum amigdalarum	91	CLXXV	—	—	—
Oleum olive	91*v*	CLXXVI	15	—	—
Oleum violaceum	—	—	—	—	43*v**
Olive nigre	16*v*	XXIII	14*v*	—	30*v*

	Wien	Rom	Paris	Lüttich	Rouen
Ordium	44	LXXXI	47*v*	29	—
Organare cantum uel sonare	103*v*	CC	86	—	—
Ova anserum	66	CXXV	61	—	—
Ova austrum	—	—	—	42	—
Ova galinacea	65*v*	CXXIV	60	41*v*	—
Ova perdicum	66*v*	CXXVI	60*v*	—	—
Ozimum citratum (Basilicum gariofolatum)	31	LV	22 e 84*v*	11	—
Panicum	48	LXXXIX	53	31*v*	—
Panis azimus	64	CXXI	55	35*v*	—
Panis de fumo vel faculis	—	—	—	—	35*
Panis de simila	63	CXIX	54	34*v*	—
Panis milii	64*v*	CXXII	56	36	—
Panis opus	63*v*	CXX	54*v*	35	—
Panis rizon	—	—	—	—	35*v*
Panis sub testo coctus	—	—	55*v*	—	—
Passule	56	CV	3	—	—
Pastinace	28	XLIX	34*v*	17	9
Pavones	70	CXXXV	71	54*v*	—
Pedes et tibie	78	CXLIX	—	—	—
Perdices	67*v*	CXXVIII	67*v*	53	—
Persica	5*v*	IV	3*v*	—	2*v*
Petrosillum	34*v*	LXII	31	13	15*v*
Pines	19*v*	XXVIII	14	—	17
Pira	6*v*	VI	4*v*	4	3*v*
Pisca	—	—	—	3	—
Pisces infusi in aceto	83*v*	CLIX	78*v*	59*v*	—
Pisces recentes	82	CLVII	78	59	—
Pisces saliti	82*v*	CLVIII	79	60	—
Pori	25	XLIII	24	—	22
Portulaca et citareia	—	—	—	—	26
Puli columbini	67	CXXVII	69*v*	51	—
Pultes ordei	44*v*	LXXXII	51*v*	34	—
Pultes tritici	43*v*	LXXX	50*v*	33	—
Purgatio	—	—	—	—	51*v**
Qualee	68	CXXIX	68	53*v*	—
Quies	—	CXCVII	92*v*	70*v*	—
Rafani	52	XCV	42	23	—
Rape	52*v*	XCVI	42*v*	23*v*	—
Recocta	62	CXVII	59	40*v*	—
Regio meridionalis	—	—	—	83	53*v**
Regio occidentalis	—	—	87	84	53*
Regio orientalis	—	—	—	83*v*	52*v**
Regio septentrionalis	—	—	—	82	—
Ribes	—	—	—	—	33*v*
Rizon	46	LXXXV	48	29*v*	—
Rob de ribes	—	—	—	—	48*
Roxe	38	LXIX	83	64	—
Rusuri id est datili	13	XXXII	16*v*	—	27
Ruta	35	LXIII	32	14	16
Rutab id est datilus	13*v*	XXXIII	17*v*	—	27*v*
Sal	62*v*	CXVIII	66*v*	—	—
Salvia	37*v*	LXVIII	34	16	—
Scariola	—	—	35*v*	—	26*v*
Sicomuri	10	XIII	8	7*v*	7
Siligo	46*v*	LXXXVI	47 e 102*v*	28*v*	—
Sinapi	24	LVI	23	11*v*	12*v*
Siropus acetosus	95	CLXXXIII	—	—	45*v**
Siropus de citoniis	—	—	—	—	46*
Siropus de papaveribus	—	—	—	—	46*v**
Siropus rosatius	—	—	—	—	47*

	Wien	Rom	Paris	Lüttich	Rouen
Siropus talep, confectus in aqua rosata	—	—	—	—	47*v**
Sompnus	100	CXCIV	89*v*	—	—
Sonare et balare	104	CCI	—	64*v*	—
Spargus	26*v*	XLVI	26	—	23*v*
Spelta	47	LXXXVII	48*v*	30	—
Sperma	—	—	—	—	49*
Spinachie	27	XLVII	26*v*	—	24
Splenes	80*v*	CLIV	74	49*v*	—
Tartufule	28*v*	L	39*v*	21*v*	9*v*
Testiculi	79*v*	CLII	—	—	—
Triacha	53*v*	C	87*v*	37	—
Trifolium	—	—	—	—	84*v*
Trii	45*v*	LXXXIV	50	32*v*	—
Turtures	69	CXXXI	70	51*v*	—
Ubera animalium	79	CLI	—	—	—
Uve	5	III	2	2*v*	2
Venatio terrestris	96	CLXXXIV	—	72*v*	—
Ventus meridionalis	58	CVII	101*v*	78*v*	—
Ventus occidentalis	57*v*	CX	100	79*v*	—
Ventus orientalis	57	CIX	99*v*	80	—
Ventus septentrionalis	58*v*	CVIII	—	79	—
Ver	55*v*	CIV	103	80*v*	—
Verecondia	98	CLXXXIX	86*v*	65*v*	—
Vestis lanea	105	CCVI	96	73*v*	—
Vestis linea	105*v*	CCVII	94*v*	73	—
Vestis de seta	106	CCV	95	—	—
Vigilie	101*v*	CXCIX	91	69	—
Vinum	—	—	—	57	—
Vinum album	86	CLXV	—	—	—
Vinum citrinum	87*v*	CLXVIII	76*v*	58	—
Vinum de dactilis	—	—	—	—	40*v**
Vinum incipiens fieri acetosum	—	—	—	—	40*
Vinum rubeum grossum	87	CLXVII	77	—	—
Vinum vetus odoriferum	86*v*	CLXVI	—	57*v*	—
Viole	39	LXXI	83*v*	12*v*	—
Vomitus	99*v*	CXCII	89	67	—
Ysopus	33	LIX	29*v*	—	14
Xilo aloes	—	—	—	—	44*
Zucharum	92	CLXXIX	81	62	—

LITERATUR

A. Verzeichnis der Quellen

Lüttich, Universitätsbibliothek: *Tacuinum Sanitatis*, ms. 1041.

Paris, Bibliothèque Nationale: *Tacuinum Sanitatis*, ms. Lat. Nouv.Acq. 1673.

Rom, Biblioteca Casanatense: *Theatrum Sanitatis*, ms. 4182.

Rouen, Bibliothèque Municipale: *Tacuinum Sanitatis*, *ms.* Leber 1088.

Wien, Österreichische Nationalbibliothek, *Tacuinum Sanitatis*, Ms. Series Nova 2544.

B. Zur Geschichte

Albertotti, G.: Libellus de conservanda sanitate oculorum di magister Barnabas de Regio. Modena 1895.

Artelt, W.: Arzt und Leibesübungen in Mittelalter und Renaissance. Klin. Wschr. 10 (1931), 846-849, 2092-2096. Neudr.: Medizinhist. Journ. 3 (1968), 222-242.

Baas, K.: Heinrich Louffenberg von Freiburg und sein Gesundheitsregiment. Zschr. Gesch. d. Oberrheins, N. F. 21 (1906), 363-389.

Bartsch, K.: Eine Diätetik des 6. Jahrhunderts. Zschr. dtsch. Kulturgesch., N. F. 4 (1875), 184 ff.

Belloni, L. (Hg.): Antonii Benivienii De regimine sanitatis ad Laurentium Medicem. Milano 1951.

Berg, F.: Hygienens omfattning i äldre tider. Sex res non naturales. Lychnos (1962), 91-127.

Björkman, E. (hg.): Everhards von Wampen Spiegel der Natur. Ein in Schweden verfaßtes mittelniederdeutsches Lehrgedicht. Uppsala 1902.

Brinkmann, J.: Die apokryphen Gesundheitsregeln des Aristoteles an Alexander den Großen in der Übersetzung des Johann von Toledo. Med. Diss. Leipzig 1914.

Bylebyl, J. J.: Galen on the Non-Natural Causes of Variation in the Pulse. Bull. Hist. Med. 45 (1971), 482-485.

Carbonelli, G.: Il 'De sanitatis custodia' di Maestro Giacomo Albini di Moncalieri con altri documenti sulla storia della medicina negli stati Sabaudi nei secoli XIV e XV. Pinerolo 1906.

Castiglioni, A.: Ugo Benzi da Siena ed il 'Trattato utilissimo circa la conservazione della sanitade'. Riv. stor. sc. med. nat. 12 (1921), 75-102.

Delisle, L.: Traités d'hygiène du moyen-âge. Journ. des Savants (1896), 518-540.

Edelstein, L.: Antike Diätetik. Die Antike 7 (1931), 255-270. Neudr.: Medizinhist. Journ. 1 (1966), 162-174.

Ehrle, C.: Dr. Heinrich Stainhöwel's regimen sanitatis. Dtsch. Arch. Gesch. Med. 4 (1881), 121-128, 209-224, 322-332, 416-436.

Eis, G.: Die Groß-Schützener Gesundheitslehre. Studien zur Geschichte der deutschen Kultur im Südosten. Brünn usw. 1943.

Eis, G.: Meister Alexanders Monatsregeln. Lychnos (1950/51), 104-136. Neudr. in: G. Eis, Forschungen zur Fachprosa, Bern u. München 1971, 179-200.

Eis, G.: Zu den medizinischen Aufzeichnungen des Nicolaus Coppernicus. Lychnos (1952), 186-209. Neudr. in: G. Eis, Forschungen zur Fachprosa, Bern u. München 1971, 201-218.

Eis, G.: Erhard Knabs Gichtregimen. Med. Mschr. 7 (1953), 523 ff. Neudr. in: G. Eis, Forschungen zur Fachprosa, Bern u. München 1971, 91-100.

Eis, G.: Heinrich Münsingers 'Regimen sanitatis in fluxu catarrhali ad pectus'. Med. Mschr. 14 (1960), 603-608, Neudr. in: G. Eis, Forschungen zur Fachprosa, Bern u. München 1971, 81-90

Faber, H.: Eine Diätethik (!) aus Montpellier ('Sanitatis Conservator'), dem Ende des 14. Jahrhunderts entstammend und 'Tractatus medicus de Comestione et Digestione vel Regimen Sanitatis' benannt. Med. Diss. Leipzig 1921.

Ferchel, Chr.: Ein Gesundheitsregiment für Herzog Albrecht von Österreich aus dem 14. Jahrhundert. Sudhoffs Arch. Gesch. Med. 11 (1919), 1-21.

Figala, K.: Mainfränkische Zeitgenossen „Ortolfs von Baierland". Ein Beitrag zum frühesten Gesundheitswesen in den Bistümern Würzburg und Bamberg. Naturwiss. Diss. München 1969.

Fischer, A.: Geschichte des deutschen Gesundheitswesens. I. u. II. Berlin 1933.

Förster, E.: Roger Bacon's 'De retardandis senectutis accidentibus et de senibus conservandis' und Arnald von Villanovas 'De conservanda iuventute et retardanda senectute'. Med. Diss. Leipzig 1924.

Förster, R.: Handschriften und Ausgaben des Pseudo-aristotelischen Secretum Secretorum. Zentralbl. f. Bibliothekswesen 6 (1889), 1-22, 57-76.

Freimann, A.: Moses Maimonides, Regimen sanitatis. Florenz 1477 (oder 1481). Heidelberg 1931 (Faks.-Ed.).

Garcia Ballester, L.: Los mss. cientificos bajomedievales de la biblioteca universitaria de Granada. Nota previa. Boletin de la Univ. de Granada 104 (1972), 123-136.

Garcia Ballester, L. (Hg.): De natura rerum (lib. IV - XII) por Tomás de Cantimpré. Tacuinum sanitatis. Codice C-67 (fols. 2v - 116r) de la Biblioteca Universitaria de Granada. I u. II (Faks.-Ed. u. Kommentarband). Granada 1972 u. 1974.

Gründel, E.: Über das Carmen de ingenio sanitatis des Arztes Doktor der Medizin Burckard von Horneck. Med. Diss. Leipzig 1924.

Grunow, H.: Die Diätetik des Wilhelm von Saliceto (13. Jahrhundert). Med. Diss. Berlin 1895.

Hagenmeyer, Chr.: Die 'Ordnung der Gesundheit' für Rudolf von Hohenberg. Untersuchungen zur diätetischen Fachprosa des Spätmittelalters mit kritischer Textausgabe. Phil. Diss. Heidelberg 1973.

Heinimann, F.: Diokles von Karystos und der prophylaktische Brief an König Antigonos. Museum Helvet. 12 (1955), 158-172.

Herr, M.: Schachtafelen der Gesuntheyt. Straßburg 1533. Faks.-Ed. Darmstadt 1965.

Herrlinger, R.: Die sechs Res non naturales in den Predigten Bertholds von Regensburg. Sudhoffs Arch. Gesch. Med. 42 (1958), 27-38.

Hirth, W.: Die Diätetik im Kochbuch des Küchenmeisters Eberhart von Landshut und eine deutsche Regel der Gesundheit nach Arnald de Villanova. Ostbair. Grenzmarken, Passauer Jb. 8 (1966), 273-281.

Hirth, W.: Zu den deutschen Bearbeitungen der Secreta Secretorum des Mittelalters. Leuv. Bijdr. 55 (1966), 40-70.

Hirth, W.: Studien zu den Gesundheitslehren des sogenannten 'Secretum secretorum'. Unter besonderer Berücksichtigung der Prosaüberlieferungen. Phil. Diss. Heidelberg 1969.

Jarcho, S.: Galen's Six Non-Naturals. A Bibliographic Note and Translation. Bull. Hist. Med. 44 (1970), 372-377.

Kahl, W.: Die älteste Hygiene der geistigen Arbeit. Die Schrift des Marsilius Ficinus De vita sana sive de cura valetudinis eorum, qui incumbunt studio litterarum (1482). N. Jb. klass. Altert. 18 (1906), 482-491, 525-546, 599-619.

Kallinich, G. u. K. Figala: Konrad von Eichstätt, eine Arztpersönlichkeit des deutschen Mittelalters. Sudhoffs Arch. Gesch. Med. 52 (1968), 341-346.

Kallinich, G. u. K. Figala: Das 'Regimen sanitatis' des Arnold von Bamberg. Sudhoffs Arch. Gesch. Med. 56 (1972, 44-60.

Keil, G.: Das Regimen duodecim mensium der 'Düdeschen Arstedie' und das 'Regimen sanitatis Coppernici'. Jb. Ver. niederdt. Sprachforsch. 81 (1958), 33 ff.

Keil, G.: die Grazer frühmittelhochdeutschen Monatsregeln und ihre Quelle. In: Fachliteratur des Mittelalters, Festschr. f.G. Eis, hg. v. G. Keil, R. Rudolf, W. Schmitt u. H. J. Vermeer, Stuttgart 1968, 131-146.

Klein, G. (Hg.): Das Frauenbüchlein des Ortolff von Bayerland, gedruckt vor 1500. München 1910.

Koch, M.P.: Das 'Erfurter Kartäuserregimen' . Studien zur diätetischen Literatur des Mittelalters. Med. Diss. Bonn 1969.

Koch, M. P. u. G. Keil: Die spätmittelalterliche Gesundheitslehre des 'Herrn Arnoldus von Mumpelier'. Sudhoffs Arch. Gesch. Med. 50 (1966), 361-374.

Kriesten, G.: Über eine deutsche Übersetzung des pseudoaristotelischen 'Secretum secretorum' aus dem 13. Jahrhundert. Phil. Diss. Berlin 1907.

Kroner, H.: Fi tadbir as-sihhat. Gesundheitsanleitung des Maimonides für den Sultan al-Malik al-Afdal. Janus 27 (1923), 101 ff., 286 ff.; 28 (1924), 61 ff., 143 ff., 199 ff., 408 ff., 455 ff.; 29 (1925), 235 ff.

Landouzy, L. u. R. Pépin: Le régime du corps de Maitre Aldebrandin de Sienne. Texte francais du XIIIe siècle. Paris 1911

Liechtenhan, E. (Hg.): Anthimi De observatione ciborum ad Theodoricum regem Francorum epistula. Berlin 1963.

Lockwood, D. P.: Ugo Benzi, Medieval Philosopher and Physician, 1376-1439. Chicago 1951.

Mazzini, G.: Vita e Opere di Maestro Pietro da Tossignano. Rom 1926.

Möller, R. (Hg.): Hiltgart von Hürnheim. Mittelhochdeutsche Prosaübersetzung des 'Secretum secretorum'. Berlin 1963.

Muntner, S. (Hg.): M. Maimonides, Regimen Sanitatis oder Diätetik für die Seele und den Körper. Basel 1966.

Niebyl, P. H.: The Non-Naturals. Bull. Hist. Med. 45 (1971), 486-492.

O'Neill, Y. V.: The History of the Publication of Bernhard of Gordon's 'Liber de conservatione vitae humanae'. Sudhoffs Arch. Gesch. Med. 49 (1965), 269-279.

Quecke, K.: Streiflichter zur Geschichte der Gesundheitsbelehrung und Gesundheitserziehung. Die BEK-Brücke, Zschr. d. Barmer Ersatzkasse (1956), 217 ff., 246 ff., 276 ff.

Rather, L. J.: The „Six Things Non-Natural". Note on the Origins and Fate of a Doctrine and a Phrase. Clio Medica 3 (1968), 337-347.

Renzi, S. de (Hg.): Collectio Salernitana. I - V. Neapel 1852-59.

Sarton, G.: Tacuinum, taqwim. With a disgression on the word almanac. Isis 10 (1928), 490-493.

Scarborough, J.: Diphilus of Siphnos and Hellenistic Medical Dietetics. J. Hist. Med. 25 (1970), 194-201.

Schadewaldt, W.: Diaita - Methoden der Gesundheitsbelehrung historisch gesehen. Dt. Ärztebl. 72 (1975), 3437 ff., 3486 ff., 3524 ff.

Schipperges, H.: Makrobiotik bei Petrus Hispanus. Sudhoffs Arch. Gesch. Med. 44 (1960), 129-155.

Schipperges, H.: Lebendige Heilkunde. Von großen Ärzten und Philosophen aus drei Jahrtausenden. Olten u. Freiburg i. Br. 1962.

Schipperges, H.: Lebensordnung und Gesundheitsplanung in medizinhistorischer Sicht. Arzt u. Christ 8 (1962), 153-168.

Schipperges, H.: Ärztliche Bemühungen um die Gesunderhaltung seit der Antike. Heidelberger Jb. 7 (1963), 121-136.

Schipperges, H.: Das Ideal der feinen Lebensart im arabischen Mittelalter. Med. Mschr. 22 (1968), 258-263.

Schipperges, H.: Reitkunst in alter Heilkunde. Ärztebl. Baden-Württ. 23 (1968), 237-240.

Schipperges, H.: Moderne Medizin im Spiegel der Geschichte. Stuttgart 1970.

Schipperges, H.: Regiment der Gesundheit. Bild d. Wiss. 9 (1972), 1309-1315.

Schmid, A. u. E. Hintzsche (Hg.): Conrad Türsts Iatromathematisches Gesundheitsbüchlein für den Berner Schultheißen Rudolf von Erlach. Bern 1947.

Schmitt, W.: Bartholomäus Scherrenmüllers Gesundheitsregimen (1493) für Graf Eberhard im Bart. Med. Diss. Heidelberg 1970.

Schmitt, W.: Die Gesundheitslehre Wilhelms von Saliceto und ihre deutsche Übersetzung für Graf Eberhard im Bart. Ärztebl. Baden-Württ. 27 (1972), 583-586.

Schmitt, W.: Ein deutsches Gesundheitsregimen des ausgehenden 15. Jahrhunderts. Heidelberg Jb. 16 (1972), 106-141.

Schmitt, W.: Die Leibesübungen in der Sicht der mittelalterlichen Medizin. Med. Mschr. 26 (1972), 384-388.

Schmitt, W.: Theorie der Gesundheit und 'Regimen sanitatis' im Mittelalter. Med. Habil.-Schr. Heidelberg 1973 (masch.-schr.).

Schmitt, W.: Der 'Tractatus de salute corporis', ein dem Wilhelm von Saliceto zugeschriebenes Gesundheitsregimen aus der Schule von Bologna. Med. Mschr. 28 (1974), 342-347.

Schwartz, J.: 'De conservanda iuventute et retardanda senectute' von Arnaldus de Villa Nova in einer Handschrift der Breslauer Stadtbibliothek. Med. Diss. Leipzig 1923.

Sigerist, H. E.: Landmarks in the History of Hygiene. London usw. 1956.

Sigerist, H. E.: The Philosophy of Hygiene. In: H.E. Sigerist, On the History of Medicine, hg. v. F. Marti-Ibañez, New York 1960, 16-24.

Strauß, P.: Arnald von Villanova deutsch unter besonderer Berücksichtigung der 'Regel der Gesundheit'. Phil. Diss. Heidelberg 1963.

Stürzbecher, M.: Zur Geschichte des öffentlichen Gesundheitswesens in Deutschland. In: Das öffentliche Gesundheitswesen, hg. v. J. Daniels u.a., I, A, Berlin 1966, 3-20.

Sudhoff, K.: Ärztliche Regimina für Land- und Seereisen aus dem 15. Jahrhundert. Sudhoffs Arch. Gesch. Med. 4 (1911), 263-281.

Sudhoff, K.: Pestschriften aus den ersten 150 Jahren nach der Epidemie des „schwarzen Todes" 1348. Sudhoffs Arch. Gesch. Med. 4 (1911); 5 (1912); 6 (1913); 7 (1914); 8 (1915); 9 (1916); 11 (1919); 14 (1923); 16 (1925); 17 (1925); passim.

Sudhoff, K.: Zum Regimen Sanitatis Salernitanum. Sudhoffs Arch. Gesch. Med. 7 (1914); 8 (1915); 9 (1916); 10 (1917); 12 (1920); passim.

Sudhoff, K.: „Diaeta Theodori". Sudhoffs Arch. Gesch. Med. 8 (1915), 377-403.

Sudhoff, K.: Ein diätetischer Brief an Kaiser Friedrich II. von seinem Hofphilosophen Magister Theodorus. Sudhoffs Arch. Gesch. Med. 9 (1916), 1-9.

Sudhoff, K.: Erstlinge der pädiatrischen Literatur. München 1925.

Thorndike, L.: Tacuinum. Isis 10 (1928), 489 f.

Thorndike, L.: Advice from a Physician to his Sons. Speculum 6 (1931), 110-114.

Thorndike, L.: Conrad Heingarter in Zurich Manuscripts, especially his Medical Advice to the Duchess of Bourbon. Bull. Hist. Med. 4 (1936), 81-87.

Toischer, W.: Die altdeutschen Bearbeitungen der Pseudo-aristotelischen Secreta Secretorum. Progr. k. k. dt. Neust. Staats-Ob.-Gymn. Prag. Prag 1884.

Unterkircher, F., H. Saxer u. Ch. H. Talbot (Hg.): Tacuinum sanitatis in medicina. Codex Vindobonensis Series nova 2644 der Österreichischen Nationalbibliothek. I u. II (Faks.-Ed. u. Kommentarband). Graz 1967.

Verdenius, A. A. (Hg.): Jacob van Maerlant's Heimelijkheid der heimelijkheden. Phil. Diss. Amsterdam 1917.

Vermeer, H. J.: Johann Lochners „Reisekonsilia". Sudhoffs Arch. Gesch. Med. 56 (1972), 145-196.

Voigt, J.: Das Stilleben des Hochmeisters des deutschen Ordens und sein Fürstenhof. Hist. Taschenbuch 1 (1830), 167-253.

Weitz, H. J.: Albich von Prag. Eine Untersuchung seiner Schriften. Phil. Diss. Heidelberg 1970.

Wickersheimer, E.: Le Régime de Santé de Guido Parato, Physicien du Duc de Milan (1459). Bull. Soc. frc. hist. méd. 12 (1913), 82-95.

Wickersheimer, E.: Le régime de santé de Jean Chanczelperger, Bachelier en médecine de l'Université de Bologne (XVe siècle). Janus 25 (1921), 245-250.

Wickersheimer, E.: Les Tacuini sanitatis et leur traduction allemande par Michel Herr. Bicliothèque d'Humanisme et Renaiss. 12 (1950), 85-97.

Wickersheimer, E.: Autour du 'Régime de Salerne', I u. II. Le Scalpel 105 (1952), 1501-1510. III, in: Atti XIV Congr. Internaz. Stor. Med., II, Rom u. Salerno 1954, 1072-1084.

Wurms, F.: Studien zu den deutschen und den lateinischen Prosafassungen des pseudo-aristotelischen „Secretum secretorum". Phil. Diss.Hamburg 1970.

C. Zur Kunstgeschichte

Ausstellungskataloge:
Abendländische Buchmalerei, Nr. 123, Wien 1952.

Ambraser Kunst- und Wunderkammer - Die Bibliothek, Nr. 38, Wien 1965.

Da Altichiero a Pisanello, Verona 1958.

Arte Lombarda dai Visconti agli Sforza, Nr. 80, Mailand 1958.

Europäische Kunst um 1400, Nr. 157, Wien 1962.

Trésors d'orient, Bibliothèque Nationale, Paris 1973.

D'Adda-Mongeri, F., L'arte del minio nel ducato die Milano dal sec. XIII al XVI, Archivio Storica Lombardo XII, 1885.

Aeschlimann, E.-D'Ancona, P., Dictionaire des miniaturistes, 2. Aufl., Mailand 1949.

D'Ancona, P., La miniature Italienne du Xe au XVIe siècle. Paris 1925. 24-25.

Arslan, E., Riflessioni sulla pittura gotica 'internationale' in Lombardia nel tardo Trencento. Arte Lombarda II (1963), 25 f.

Berti-Toesca, E., Un erborario del Trecento. La Bibliofila (1937) 341-53.

Berti-Toesca, E., Il Tacuinum Sanitatis della Biblioteca Nazionale di Parigi, Bergamo 1937.

Cadei, A., Giovannino de'Grassi nel taccuino di Bergamo. Critica d'Arte, 1970.

Camus, G., L'opera salernitana 'Circa instans' ed il testo primitivo del Grand Herbier. Memorie dell'Accad. delle Scienze di Modena, II, IV, 1886.

Cogliati Arano, L., Due libri d'ore lombardi eseguiti verso il 1380, Arte Lombarda I, 1970.

Cogliati Arano, L., Miniature Lombarde, codici miniati dall' VIII al XVI secolo, Mailand 1970.

Coletti, L., I Primitivi, Band III, I Padani, Novara 1937.

Delisle, L., Tacuinum Sanitatis in medicina. Journal des Savants, Année 1896, Paris 1896, 518-40.

Dell'Aqua, G.A., Arte Lombarda dai Visconti agli Sforza, Mailand 1959, 51.

Fogolari, G., Il ciclo dei mesi nella torre dell'Aquila a Trento. Tridentum VIII (1905) 173-186.

Kaschnitz, M.L., Theatrum Sanitatis, Baden-Baden 1947.

Kurth, B., Ein Freskenzyklus im Adlertum zu Trient. Jahrbuch des Kunsthistorischen Institutes der k.k. Zentralkommission für Denkmalpflege, Wien 1911, 9-104.

Marle, R. van, The Development of the Italian Schools of Painting, Vol. VII, Den Haag 1926, 102-204.

Mazal, O. und Unterkircher, F., Katalog der abendländischen Handschriften der österreichischen Nationalbibliothek, Series nova, Teil 2/1, Wien 1963, 309-321.

Messedaglia, L., Veronesi e non Lombardi i miniatori del Tacuinum Sanitatis. Ist. Veneto die Scienze, Lett. ed Arti, CIX, II (1951) 571-681.

Messedaglia, L., A proposito dei miniatori del Tacuinum Sanitatis ms. miniato della Biblioteca Nazionale di Parigi. Atti del R. Ist. Veneto di Scienze, Letterature ed Arti XCVI (1936) 541 f.

Morassi, A., Storia della pittura nella Venezia Tridentiana, Rom 1934, 292.

Munõz, A., Un Theatrum Sanitatis con miniature veronesi del secolo XIV nella Biblioteca Casanatanese. Madonna Verona, 1908, 1-24.

Nissen, C., Die botanische Buchillustration, Stuttgart 1951, 24.

Pächt, O., Early Italian Nature Studies an the Early Calendar Landscape. Journal of the Warburg and Courtand Institutes, Vol. XIII, London 1950, 13-47.

Panofsky, E., Meaning in the Visual Arts. Papers in and on Art History, Turin 1962.

Pellegrin, E., La Bibliothèque des Visconti et des Sforza Ducs de Milan au XV siècle, Paris 1955.

Pirani, E., La miniatura gotica, Mailand 1966.

Porcher, J., L'enluminure francaise, Paris 1973.

Porcher, J., Manuscrits à peintures du XIII au XVI siècle, Bibliothèque Nationale, Paris 1955.

Rasmo, N., Affreschi medioevali atesini, Mailand 1972.

Rasmo, N., Nota sui rapporti tra Verona el'Alto nella pittura del tardo Trecento, Cultura Atesina, 1952.

Salmi, M., La Miniatura Italiana, Mailand 1956, 40 ff.

Schilling, R., Kunstschätze der Lombardei. Die Miniaturmalerei. Phoebus, Zürich 1949, 186 ff.

Schlosser, J. von, Eine Veronesiches Bilderbuch und die höfische Kunst des XLV Jahrhunderts. Jahrbuch der kunsthistorischen Sammlung des Allerh. Kaiserhauses, Wien 1885, 144-230.

Serra, L. - Baglioni, S., Theatrum Sanitatis Codice 4182 della Biblioteca Casanatense, Rom, 1940.

Toesca, P., A proposito di Giovannino de'Grassi. L'arte, 1906, 56-57.

Toesca, P., Di alcuni miniatori lombardi della fine del Trecento. L'Arte, 1907, 184-196.

Toesca, p., Il Trecento, Turin 1951.

Toesca, P., La pittura e la miniatura nella Lombardia dai più antichi monumenti alla metà del Quattrocento, Mailand 1966.

Toesca, P., Michelino da Besozzo e Giovannino de'Grassi. Ricerche sull'antica pittura lombarda. L'Arte, 1905, 321-339.

Trenkler, E., Les principaux manuscrits a peintures de la Bibliothèque Nationale de Vienna – Manuscrits Italiens. Bulletin de la Société Francaise de Reproductions de manuscrits a peintures, 2 x 20ᵉ année, Paris 1937, 16-18.

Unterkircher, F., European Illuminated Manuscripts in the Austrian National Library, London 1967.

Weigelt, C., Giovannino de'Grassi. Thieme-Becker Künstlerlexikon, XIV (1921) 534 ff.